Las Profecías de Sanctus Germanus

Volumen 2

El Papel del Portador de Luz Durante los Cambios y la Reconstrucción de la Tierra Después del 2012

Michael P. Mau
El Amanuense

Fundación Sanctus Germanus
www.sanctusgermanus.net

Para adquirir más copias de esta obra, por favor diríjase a:
www.sanctusgermanus.net

Catálogo de Libros y Archivos en Publicación
Mau, Michael P.
Las Profecías de Sanctus Germanus Volumen 2: Los Cambios Terrestres, La Reconstrucción y el Papel del Portador de Luz / por Michael P. Mau. – 2a. Edición

ISBN 9780978483562

1. Siglo Veintiuno – Pronósticos. 2. El movimiento de la Nueva Era Dorada.
I. Fundación Sanctus Germanus. II. Título
CB161.M37 2004   303.49'09'05
C2004-907016-9

Diseño de portada por Ryan Chen de la Fundación Sanctus Germanus. Sobrepuesto en el globo hay una miniatura de un mural del interior del Monasterio Bhutia Busto en Darjeeling, India que representa la rama de la Jerarquía Espiritual que influenció el presente trabajo. El Gran Alma, Gurú Rinpoche o Padmasambhaya, quien emana ciertos Maestros de Sabiduría, está rodeada por sus discípulos y Bodhisattvas o portadores de luz.

Sanctus Germanus significa Hermano Santo y es uno de los nombres del Maestro de la Flama Violeta en la Hermandad de la Luz. Él es más popularmente conocido como el Maestro Saint Germain.

Fundación Sanctus Germanus
División de Publicaciones
Alberta, Canadá

Agradecimientos

Deseo agradecer a los Maestros Himalayos quienes tan pacientemente trabajaron conmigo durante las tempranas horas antes del amanecer para comunicar sus ideas que llenan el texto de este libro. En cada sesión tomé nota de sus ideas lo mejor que pude. Pero incluso cuando no entendía sus ideas a la perfección, ellos pacientemente organizaban una gran cantidad de significados para darme el sentido correcto, incluyendo el enviarme al Himalaya a más meditación y guía. Habría sido más fácil dejarles hablar a través de mí mediante un ligero trance y grabar, pero insistieron en ocupar mi mente en este trabajo dándome pistas y dejándome buscar las respuestas, todo con la intención de promover la práctica del Amanuense consciente de la que Alice A. Bailey fue pionera en el siglo 20.

Extiendo mi gratitud a Charlotte Alton de Londres, Inglaterra y a Micheline Ralet de Montreal, Canadá por su diligente trabajo al ayudarme a corregir y a editar el texto final y a Matthew Thompson de Auckland, Nueva Zelandia por sus artísticas interpretaciones de los Diagramas 1 al 4.

Michael P. Mau
El Amanuense
Noviembre 2006

Las Profecías de Sanctus Germanus

Mensaje de Sanctus Germanus

Los iluminados de hoy en día toman un camino mientras los demás toman otro. Pero a lo largo de cada camino yace un punto en el que dos caminos se cruzan. Este es el punto crítico, ya que ¿doblan a la derecha y se unen a los iluminados o continúan por el camino hasta que sea posible otro cruce? Sí, estos dos caminos se cruzan periódicamente y en cada cruce ustedes tienen una opción. Entonces si este es el caso, ¿cuál es la prisa hacia la iluminación, se preguntarán?

No hay prisa en realidad. Tómense su tiempo. Sin embargo, nosotros permanecemos aquí en una coyuntura sin precedentes en la que abundan las oportunidades – la Tierra ha tomado la decisión de avanzar en Su evolución, y las Fuerzas Cósmicas están preparando el camino. No necesitan ir junto con Ella, lo cual significa que pueden buscar otra galaxia y encontrar un planeta que corresponda a su nivel de evolución, en el que la vida sea cómoda y que los polos iguales se atraigan. ¡Ah! ¡Estar entre esos que compartan mucho de lo mismo! Esta es la alternativa cómoda, mis amigos.

Para aquellos que quieren participar con la Tierra en Su viaje hacia una dimensión superior, agárrense bien, ¡porque están en una aventura emocionante! No obstante ahí, al otro lado de Oz, yace la muy prometida tierra de la Era Dorada, e incluso si no es cómodo llegar ahí, las recompensas serán más grandes una vez que lleguen, puesto que también se habrán trasladado hacia una nueva dimensión de promesa en el camino a su ascensión.

Así que, mis amigos, es sólo cuestión de elegir, ¿no es así? ¡Y qué elección es! Pero cualquiera que sea el camino que elijan, siempre habrá otros cruces donde tendrán que tomar una decisión, hasta que su viaje pueda continuar mano a mano con los iluminados.

Sanctus Germanus

Índice de Materias

Lista de Ilustraciones

Prólogo

Para aquellos que ansían ver un mundo mejor, éstos son tiempos de oportunidad sin precedentes. Para aquellos que prosperan en el mundo como está de confuso hoy en día, éstos son tiempos de miseria y destrucción. Durante estos tiempos, cualquier cosa que no sirva a la humanidad será barrida, mientras que todo lo que promete servir será nutrido para el amanecer de una Nueva Era Dorada.

Estos también son tiempos de elecciones muy claras, ya que el bien y el mal ostentan sus verdaderos colores. Estos son tiempos en los que el desfile de eventos tanto conmocionará a los inconscientes como encantará a los iluminados. Lo viejo está dando paso a lo nuevo.

Como un tren de mercancías yendo rápidamente por las vías, nada puede detener el amanecer de la Nueva Era Dorada, puesto que su tiempo ha llegado como ha sido inscrito en el Plan Divino. Todos nosotros debemos darnos cuenta de que ahora estamos en el final de un ciclo cósmico mayor que comenzó hace cientos de miles de años. El reloj anuncia la media noche; el final ha comenzado. Aquellos que lean este libro experimentarán la agitación de las etapas iniciales del final, mientras gana velocidad una crisis tras otra y tocan nuestras vidas diarias. Las elecciones serán tan claras como nunca antes.

Las predicciones que presentamos en *Las Profecías de Sanctus Germanus, Volumen 1* están ocurriendo ahora. La tierra ha entrado al cinturón de fotones. Las vibraciones superiores están siempre acelerando el tiempo y causando locura general, poniendo a prueba las mentes de todos y cada uno de nosotros. Domina una crisis financiera y económica mayor, ya que las Fuerzas Oscuras pierden gradualmente su control sobre un régimen mundial basado en el dinero y la guerra. Y antes de su salida final, otra guerra mundial se avecina mientras esas Fuerzas Oscuras se aprovechan de sus últimas enormes fuentes de dinero, *la muerte y las armas.* Intentan derrumbar al mundo con ellas mientras son forzadas a salir del planeta.

Para ayudar a la humanidad durante estos agitados tiempos, nuestra Jerarquía Espiritual planetaria, desde 1940, ha traído a la vida a cientos de miles de luminarias pasadas de la tierra. Por muchas encarnaciones pasadas estas almas han contribuido grandemente a la evolución de la humanidad en varios campos tales como la música, el arte, la ciencia, el pensamiento religioso, la economía y la política. En este libro los llamaremos portadores de luz, puesto que ellos también componen el Ejército de Luz cuyo objetivo es contrarrestar las Fuerzas Oscuras. Por previo acuerdo ellos han encarnado por todo el mundo y representan a todas las razas, las culturas, los campos de esfuerzo y las religiones. Ellos servirán como conductos de luz para aliviar el sufrimiento humano, guiar con seguridad a aquellos que desean sobrevivir las próximas catástrofes, y plantar las semillas de la sociedad de transición que va a guiar a la humanidad hacia la Nueva Era Dorada.

Los refuerzos y las reservas en la forma de la nueva raza raíz, la Sexta Raza Raíz, han estado encarnando en la tierra en cantidades indefinidas en las pasadas décadas. Su estructura natural les permite ver y funcionar en los otros planos de nuestra existencia, es decir, en los planos etéricos, astral y mental. El cómo sus talentos naturales son utilizados para la implementación del Plan Divino presenta un reto en medio del caos. El reconocimiento y la crianza de los niños de la Sexta Raza Raíz están en las manos de los portadores de luz.

Además, almas avanzadas han encarnado de evoluciones planetarias superiores a la tierra, trayendo con ellas conocimiento espiritual que ayudará a construir la Nueva Era Dorada. Estos son extraterrestres amigables que la Jerarquía Espiritual planetaria ha invitado a la tierra para ayudar a la humanidad a través de esta transición. Están aquí para trabajar mano a mano con las fuerzas de la luz.

Finalmente, la misma Jerarquía Espiritual es una formidable fuerza de Luz. Ha comenzado a exteriorizarse sobre el plano terrestre. Miles de Maestros e iniciados avanzados de sus respectivos grupos están enfocando todas sus energías hacia la tierra para ayudar a la humanidad en esta transición. Ellos representan el Logos Planetario en el plano terrestre. En momentos clave, ellos se manifestarán físicamente para llevar a cabo sus tareas previamente planeadas o se aparecerán a aquellos con clarividencia para guiarlos y aconsejarlos. Ellos servirán como nuestros máximos puntos de referencia en tiempos de caos.

Ahora se está llevando a cabo la batalla entre la Luz y la Oscuridad, los cambios terrestres han comenzado en la forma de inundaciones, de terremotos y de desplazamiento de tierras. La programación de estos cambios ya ha sido establecida, cósmicamente. Lo que hagamos sobre la tierra no detendrá su marcha. Quien quiera que sobreviva a la batalla entre la Luz y la Oscuridad enfrentará incluso retos mayores, puesto que justo cuando de nuevo respiremos libremente del control de las Fuerzas Oscuras, veremos desastres naturales masivos destruyendo la mayoría de las ciudades principales y áreas pobladas. Muchos portadores de luz entonces se darán por vencidos, pero aquellos que elijan luchar guiarán a los sobrevivientes a ciertas Regiones Espirituales y comenzarán su misión REAL: la reconstrucción de la sociedad sobre bases más firmes.

En este libro nos enfocaremos en el Ejército de los Portadores de luz, quiénes son y cuál es su misión. Muchos de ustedes que son naturalmente atraídos a este libro son portadores de luz. Nosotros 1) exploraremos el papel de los portadores de luz en la actual agitación financiera, económica y bélica, 2) definiremos lo que se espera del portador de luz mientras la tierra cambia y las catástrofes naturales afectan, 3) proyectaremos su papel en el establecimiento de las Regiones Espirituales para los sobrevivientes de los cambios terrestres, y 4) proporcionaremos guía para preparar a los portadores de luz para enfrentar los retos por venir, comenzando ahora.

Nuestro objetivo es informar, no discutir o convencer. Como en *Las Profecías de Sanctus Germanus Volumen 1*, publicado hace cuatro años, intentamos presentarles un banquete de información, previsión, visión y conceptos esotéricos relacionados a nuestros tiempos – alimento para el pensamiento, como nosotros deseamos llamarlo. Pueden elegir qué creer o qué rechazar. Finalmente el desarrollo de los eventos establecerá el registro claro y se volverá un hecho histórico. Como el mensaje de introducción de Sanctus Germanus implica, lo que decidan hacer o no en la siguiente década es simplemente una cuestión de elección.

Michael P. Mau
El Amanuense
Noviembre 2006

CAPÍTULO 1
Ritmo de la Evolución Hacia la Era Dorada

"Nada en la naturaleza llega a existir repentinamente, todo está sujeto a la misma ley de la evolución gradual."[1] *El Morya*

Nosotros acabamos de entrar a un ciclo que eventualmente nos guiará a una Nueva Era Dorada de paz e iluminación donde los tres principales Caminos de Evolución en la tierra – los Reinos Elemental, Humano y Angelical – nuevamente unirán sus manos. La humanidad caminará con ángeles, serafines y querubines y se beneficiarán de su resplandor y pureza. También llegaremos a interactuar con el increíble mundo de los elementales que da forma a los objetos, a las flores, a los árboles, a los lagos y a las montañas y que precipita nuestras necesidades y deseos.

Mientras nos movemos en este ciclo, las trabas que han encadenado a la humanidad por siglos tales como el control gubernamental, estados nación, medios masivos, entidades financieras y bancarias y militaristas dejarán de existir. Por orden especial del Maestro Sanctus Germanus las causas raíz del

---

[1] Sinnett, A.P, *Las Cartas Mahatma a A.P. Sinnett* de los Mahatmas M. y K.H., transcritas por A.T. Barker, Theosophical University Press, Pasadena, California, Carta No. 14.

encarcelamiento de la humanidad en este régimen – las Fuerzas Oscuras – están siendo echadas del planeta, y la humanidad redescubrirá lo que es la verdadera libertad; para expandirse, para crecer y para prosperar.

La Tierra, durante su evolución de varios millones de años, ha enfrentado incontables veces coyunturas similares. La última vez que ocurrió algo así en la historia, la civilización Atlante enfrentó opciones similares, no tan diferentes de aquellas que estamos a punto de encontrar, antes de hundirse en el Océano Atlántico. Se nos ha dicho por el contrario que el hundimiento de la Atlántida, con frecuencia representado por Hollywood como un desastre de la noche a la mañana, en realidad duró 700,000 años. Así que mientras discutimos los cambios de la tierra de las próximas décadas, debemos tener en mente que estos cambios comenzaron hace siglos y siguen la ley de la evolución gradual.[2] Que apenas nos estemos dando cuenta de ellos no quiere decir que de un día para otro nuestro mundo implosionará o explotará.

No estamos enfrentando el fin del mundo como lo sostienen algunas predicciones extremas. En cambio, la población de la tierra será significantemente reducida y a los millones de sobrevivientes de los próximos cambios se les dará una segunda oportunidad para rectificar los errores del pasado. Como se explica abajo, estamos finalizando un ciclo menor dentro de uno más grande de la evolución de la tierra y desde un punto de vista cósmico, se considera que esto es solamente un período menor de destrucción y limpieza, un Pralaya Menor, cualquiera sea nuestra perspectiva.

---

[2] Ibídem.

¿En Dónde Estamos Hoy en Día?

Hace más de cien años, Helena P. Blavatsky y Henry Steel Olcott fundaron la Sociedad Teosófica bajo la guía de los Maestros Morya y Kuthumi. Uno de los propósitos de la Sociedad era anunciar tanto al este como al oeste el cierre del ciclo Pisciano y la llegada de la Nueva Era Dorada de Acuario, un proceso que había comenzado alrededor del año 1600. Por esta razón, a Madame Blavatsky con frecuencia se le llama la Madre de la Nueva Era.

El Gran Ciclo de la Involución y la Evolución[3]

En 1880, en una serie de cartas precipitadas, conocidas como *las Cartas Mahatma a A.P. Sinnett*, los Maestros Kuthumi y Morya revelaron a la Sociedad Teosófica un esquema simple que ilustra el plan evolutivo para la mónada[4] - desde un espíritu sin forma a lo que conocemos como el ser humano, después de vuelta a no tener forma. Este plan incluye millones de años divididos en siete Rondas. Cada Ronda es adicionalmente dividida en siete sub-rondas, y cada sub-ronda es además dividida en siete ciclos.

Las Siete Rondas del Plan Evolutivo

En el Diagrama 1 a continuación, el Gran Ciclo es dividido en siete Rondas. La mónada comienza en la Ronda I, después "desciende" gradualmente a través

---

[3] Ibídem

[4] La Mónada es esa inmortal chispa de Dios, la cual contiene la unicidad y la unidad del Creador sin embargo encarna en los reinos animal y humano y así aparece separado. Esto forma la paradoja ilusoria, puesto que en la profundidad del ser encarnado se encuentra la chispa de la unidad.

de las Rondas II, III y IV, antes de "ascender" el Ciclo a través de las Rondas V a la VII. Al final del Gran Ciclo, la mónada vuelve a ganar su estado sin forma pero mucho más sabio habiendo pasado millones de años transitando esta poderosa escuela.

Cada Ronda dura alrededor de 2500 millones de años y su realización implica un planeta diferente. Por ejemplo, durante la Ronda IV es la Tierra la que recibe a la mónada.

La Ronda V es la de Venus y así sucesivamente. Después de muchos millones de años, la Tierra completará la Ronda IV y se autodestruirá. Lo mismo se aplica a Venus cuando finalice la Ronda V. Después de cada auto destrucción, la mónada esperará en el limbo antes de "abordar" un nuevo planeta en la siguiente Ronda.

Cuando la mónada "abordó" la Tierra, también creó su primera forma, lo que llamamos el alma, el cuerpo causal o Ser Superior.[5] El cuerpo causal se sumergió después en la materia más densa para formar los cuerpos mental, astral y etérico de los seres humanos antes de terminar finalmente su descenso en el cuerpo físico.

[5] A partir de aquí, usaremos estos tres términos indistintamente.

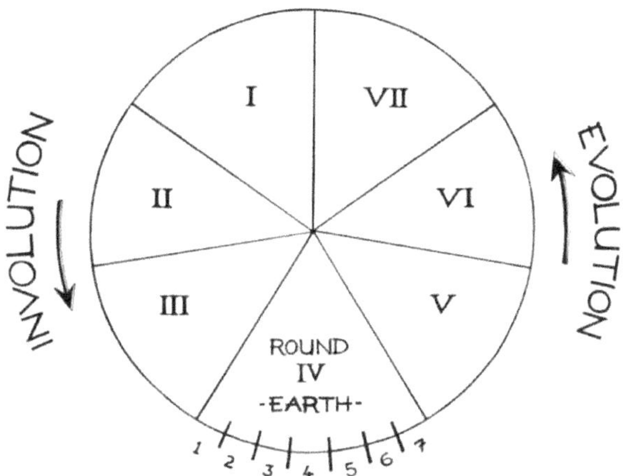

Diagrama 1: El Largo Viaje de la Mónada a través de las Siete Rondas[6]

Ronda IV y la Tierra

Ahora nos enfocaremos en la Ronda IV, la cual es nuestra preocupación principal hoy en día. Como las otras Rondas, está dividida en siete sub-Rondas. Mientras la mónada con su cuerpo causal atravesó las sub-Rondas, comenzó a adquirir progresivamente formas humanoides refinadas de hombre de las cavernas a los refinados cuerpos con intelecto que tenemos hoy en día.

El Maestro Morya describe el viaje de la Mónada a través de las Siete Sub-Rondas del Rondo IV como sigue:

---

[6] El Maestro Djwal Khul, entonces un iniciado avanzado del Maestro Kuthumi, dibujó el diagrama básico, y nosotros hemos añadido un par de notas explicativas para hacerlo más claro.

1ra Sub-Ronda – La mónada es un ser etéreo – no inteligente, pero súper espiritual. Mientras su evolución avanza, crecerá más y más hacia un ser encajonado o encarnado, pero todavía preponderantemente etéreo. Durante esta sub-ronda, desarrolla cuerpos monstruosos correspondientes a sus burdos alrededores, como lo hacen los animales y los vegetales.

2da Sub-Ronda – Después de un período de pralaya menor, la mónada aterriza en otro planeta. Su forma aún es gigantesca y etérea, pero crece más firme y más condensada en cuerpo – un hombre más físico, no obstante todavía más espiritual que inteligente. El desarrollo de la materia mental es una evolución más lenta y más difícil que la estructura física.

3ra. Sub-Ronda – Después de otro período de pralaya menor, la mónada ahora está revestida en algún tipo de cuerpo concreto o compacto; primero en la forma de un mono gigante, y más inteligente (o más bien astuto) que espiritual. Él ahora ha alcanzado el punto en el que su espiritualidad primordial es eclipsada o ensombrecida por una mentalidad naciente. Durante la última mitad de esta tercera ronda su estatura gigantesca decrece, su cuerpo mejora en textura y él se vuelve un ser más racional – aunque todavía es más un mono que un hombre Deva.

4ta. Sub-Ronda- El intelecto tiene un enorme desarrollo en esta ronda. Las razas en la tierra adquieren habla humana. El lenguaje es perfeccionado y el conocimiento en cosas físicas incrementa. En la primera mitad de la Sub-Ronda IV, las ciencias, el arte, la literatura y la filosofía nacen en una civilización y renacen en otra, la civilización y el desarrollo intelectual llevándose a cabo en un ciclo tras otro. Por el punto medio de la Ronda IV, la Humanidad está repleta de actividad intelectual pero sus actividades espirituales decrecen. Durante la segunda mitad de la Sub-Ronda IV, el Ego espiritual comenzará su lucha real con el cuerpo y la mente para manifestar sus poderes trascendentales.

5ta. Sub-Ronda – El mismo desarrollo relativo, y la misma lucha continúa.

6ta. Sub-Ronda. 7ma. Sub-Ronda - De éstas no necesitamos hablar.[7]

Actualmente estamos finalizando la Cuarta Sub-Ronda de la Ronda IV (ver flecha en el Diagrama 2 a continuación), la cual está en la parte de abajo del Gran Ciclo y representa la forma material más densa que la mónada deberá experimentar. En otras palabras, **hemos tocado el fondo del Gran Ciclo y de ahora en adelante, ¡ lo único que podemos es SUBIR!** Es por esto que tantos grupos espirituales hoy en día hablan sobre la Ascensión; hemos alcanzado el punto decisivo y el comienzo del ascenso.

La humanidad permanecerá en la Tierra hasta que hayamos finalizado las últimas tres Sub-Rondas de la Ronda IV. Para entonces, nos habremos deshecho de

---

[7] Ibid., Notas Complementarias (edición menor por el autor)

nuestros cuerpos físicos a favor o cuerpos etéricos. Al final de la Ronda IV, la Tierra se auto destruirá y avanzaremos a la Ronda V en otro planeta. Actualmente Venus es el planeta de las mónadas de la Ronda V, así que es ahí a donde se dirigen los terrícolas. Ciertamente, el Logos Planetario de la Jerarquía Espiritual de la Tierra, Sanat Kumara, viene de Venus, y nuestra Jerarquía Espiritual con frecuencia busca consejo de los Venusianos.

Pralayas Mayores y Menores: Períodos de Destrucción y Descanso

Pralayas Mayores dentro del Gran Ciclo

Un Pralaya Mayor, o período de oscurecimiento o destrucción, sigue a cada Ronda. El siguiente Pralaya Mayor se llevará a cabo muchos millones de años a partir de ahora, cuando la Ronda IV finalice. En ese momento, nuestra Tierra se autodestruirá[8] y nosotros, las mónadas viajeras, nos retiraremos a otra dimensión y descansaremos mientras un nuevo planeta se prepara para acogernos.

Hoy en día, muchos expertos religiosos hablan de los "Tiempos Finales" como si la tierra fuera a auto destruirse entrando a un Pralaya Mayor. Nosotros creemos que la humanidad está a millones de años de ese destino. Sin embargo, durante esos millones de años, la humanidad tendrá que soportar tres Pralayas Menores, incluyendo el que actualmente estamos a punto de experimentar.

---

[8] Se dice que nuestra luna es uno de los muchos planetas desintegrándose.

En el diagrama 2 a continuación, hemos indicado los Pralayas Mayores entre las Rondas. En realidad, los Pralayas Mayores deberían ser del mismo tamaño que las Rondas porque la duración de un Pralaya Mayor se dice que es igual a la duración de su Ronda.

Mostramos los Pralayas Mayores simplemente como una cuestión de información. Lo que más nos preocupa hoy en día es el Pralaya Menor al que hemos entrado, el cual se indica con la flecha en el diagrama 2 a continuación.

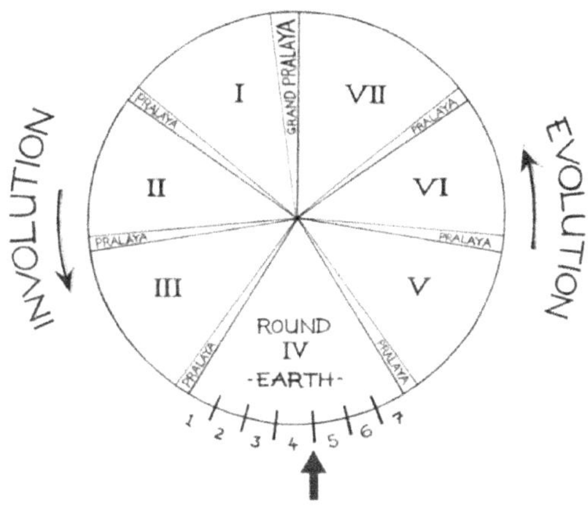

Diagrama 2: Rondas, Pralayas Mayores y Menores (La flecha señala el Pralaya Menor en el que estamos ahora, al final de la Cuarta Sub-Ronda)

Pralayas Menores dentro de una Ronda

Los Pralayas Menores ocurren entre las sub-Rondas. En el Diagrama 2 de arriba la flecha señala una línea, la cual representa un Pralaya Menor al final de la Cuarta Sub-Ronda. Aquí es donde estamos actualmente. Durante este Pralaya, el planeta no se auto destruye, sino que experimenta una limpieza o cambio en su estructura geológica mientras que los sobrevivientes se refugian en regiones seguras. Hacia el final del pralaya, ellos se aventuran hacia recién formadas áreas restantes.

El término, Pralaya Menor, es, por supuesto, relativo y depende desde qué posición esté observando uno. Desde nuestro punto de vista terrestre, el actual Pralaya Menor quizá parezca catastrófico con serias inundaciones, con hundimientos y levantamientos de continentes que pueden alterar la configuración de masa continental y la tierra a nivel del agua. Por ejemplo, durante el Pralaya Menor anterior entre la Tercera y Cuarta Sub-Rondas de la Ronda IV, la tierra fue testigo del hundimiento del continente Atlante en el Océano Atlántico y el surgimiento del continente Norte Americano. Antes de ese Pralaya Menor, entre la Segunda y Tercera Sub-Rondas, el masivo continente Lemuriano que abarcaba desde el subcontinente Indio hasta el norte de Hawái en el Océano Pacífico, se hundió.

La duración de un Pralaya Menor puede variar. Se nos dice, sin embargo, que al Jerarca de la Nueva Era Dorada, el Maestro Sanctus Germanus, se le ha asignado una cantidad extra de energía para acelerar el presente Pralaya Menor porque la evolución de la tierra actualmente está retrasada en el calendario cósmico debido a excesiva influencia y dominación de las Fuerzas Oscuras y otras almas rezagadas de evoluciones inferiores.

La Evolución de las Razas Raíz Durante la Ronda IV sobre la Tierra

Así la mónada entra a su vehículo de expresión más material y más denso durante la Ronda IV. Esta forma física es expresada a través de las sucesivas siete razas raíz que aparecerán durante esa Ronda. Las siete razas raíz de la Ronda IV proporcionan el material genético para los cuerpos físicos que usará el mónada evolucionando. Con cada raza raíz sucesiva, hay un refinamiento gradual del cuerpo físico de acuerdo con la evolución de su alma mónada.

Cada raza raíz expresa adicionalmente sus características a través de las siete subrazas raíz. Por ejemplo, nuestra actual característica primaria de Quinta Raza Raíz es la habilidad para pensar concretamente como inteligencia firmemente encarnada en materia. La quinta y sexta subrazas raíz de la Quinta Raza Raíz ahora están en encarnación.

La entrada y la salida de una raza raíz saltan por encima de los Pralayas Menores para que el número de la sub-Ronda no corresponda completamente al número de la raza raíz. (Ver diagrama 3 a continuación) Por ejemplo, la Cuarta Raza Raíz comenzó a la mitad de la Tercera Sub-Ronda y sobrevivió hasta la mitad de la Cuarta Sub-Ronda. Nuestra actual Quinta Raza Raíz apareció a la mitad de la Cuarta Sub-Ronda y sobrevivirá hasta la mitad de la Quinta Sub-Ronda. Así el número asignado a la raza raíz no necesariamente corresponde al número de la sub-Ronda.

Generalmente, cuando una raza raíz alcanza la cúspide, un Pralaya Menor interrumpe su desarrollo. Esto interrumpe los excesos de la raza raíz predominante, permitiéndole volver a trazar y corregir algunos de sus errores. En este tiempo, nuestra Quinta Raza Raíz ha alcanzado su cúspide, y el actual Pralaya Menor verificará su desarrollo antes de que éste se descontrole.

Mientras que una raza raíz predominante está en pleno rendimiento, la siguiente comenzará a aparecer. Actualmente, muchas encarnaciones de vanguardia de la Sexta Raza Raíz ya están apareciendo aunque la Quinta Raza Raíz predomine. Estas encarnaciones incrementarán durante y después del actual Pralaya Menor. Así que hay una coincidencia de razas raíz mientras una raza raíz anterior comienza a declinar.

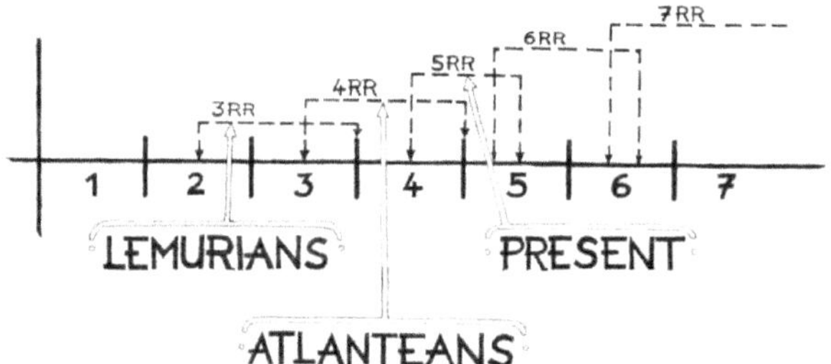

Diagrama 3: Las Razas Raíz tal como saltan por encima entre las Sub-Rondas

La Cuarta Raza Raíz comenzó a encarnar en la mitad de la Tercera Sub-Ronda. Ésta fue la Civilización Atlante. Alcanzó su cúspide a tiempo para ser cortada por un Pralaya Menor que ocurrió entre la Tercera y Cuarta Sub-Rondas. Durante este Pralaya Menor, el enorme continente de la Atlántida se hundió mientras que Norte América surgió. Sin embargo, remanentes de la civilización atlante sobrevivieron y ciertas almas de ese período han persistido para encarnar en el apogeo de nuestra Quinta Raza Raíz. Algunas son Fuerzas Oscuras, que deben ser expulsadas durante el actual Pralaya Menor.

Así que hoy en día tenemos remanentes de la Cuarta Raza Raíz, nuestra Quinta Raza Raíz dominante, y la entrante Sexta Raza Raíz viviendo en la tierra.

* * *

Esta breve descripción, basada en el esquema que los Maestros nos dieron hace casi un siglo, indica que el Pralaya Menor al que actualmente estamos entrando, ya sea que nos refiramos a estos tiempos como el Armagedón, cambios terrestres o algo más, debería llevarse a cabo sobre una extendida longitud de tiempo, muy probablemente siglos. Esto indicaría que no habrá un cambio abrupto del eje terrestre y que si hay tal cambio, ocurrirá a un paso evolutivo. En otras palabras, no estamos acercándonos al fin del mundo.

Sin embargo, esto no es para minimizar las catástrofes naturales y causadas por el hombre que estamos a punto de experimentar, puesto que éstas serán agitaciones mayores del tipo de las cuales nuestra raza raíz nunca antes ha experimentado. Una vez que la primera fase destructiva de nuestro actual Pralaya Menor haya sido consumada, quizá también esperemos el benigno período de *descanso*, el cual forma parte de un pralaya, y es durante este período de descanso que se manifestará la Nueva Era Dorada.

Muchos de los que leen este libro no vivirán para ver el final de la fase destructiva de este pralaya pero experimentarán las primeras sacudidas, mientras el agua limpiadora retire la contaminación e inunde grandes extensiones de áreas pobladas. Pero muchos serán capaces de contribuir a la reorganización inicial de la sociedad humana, la cual ocurrirá en el intervalo entre estas agitaciones.

Otras Formas de Describir el Pralaya Actual

El Final del Ciclo del Sexto Rayo

Otra forma de situar nuestro período actual es según los Siete Rayos. Los estudiantes de literatura esotérica están familiarizados con este concepto ya que fue revelado a la humanidad por el Maestro Djwal Khul por medio de los escritos de Alice A. Bailey. Nuestro Logos Solar transmite siete características predominantes o rayos a los planetas de nuestro sistema solar – en periodos de 2000 años por cada Rayo – para hacer un ciclo de 14,000 años.

Estos siete flujos de energía representan siete vibraciones diferentes de la materia que definen e infunden todos los objetos. Estas energías pueden combinarse en un infinito número de formas, dándole a la expresión de la materia sus características variadas y llenas de color. En la tierra, mientras un rayo en particular domina un período de 2000 años, cada rayo está presente todo el tiempo y es "manejado" por uno de los Maestros de Sabiduría de la Jerarquía Espiritual:

Primer Rayo – Voluntad, propósito, poder, destrucción.
Segundo Rayo – Amor, sabiduría, integración, coherencia, magnetismo.
Tercer Rayo – Inteligencia activa, adaptabilidad, creatividad.
Cuarto Rayo - Armonía a través del conflicto, belleza, sensibilidad, unidad.
Quinto Rayo – Conocimiento concreto, ciencia, mente, análisis.
Sexto Rayo – Devoción, idealismo, adherencia, fuerza.
Séptimo Rayo – Orden, ceremonia, organización, agrupación, magia.

Ahora estamos terminando el ciclo de 2000 años de devoción, idealismo, adherencia y fuerza del Sexto Rayo conocido a veces como la Era Cristiana, y entrando al ciclo del orden, la ceremonia, la organización, la agrupación y la Magia Blanca del Séptimo Rayo. El ciclo del Séptimo Rayo también es conocido como el Rayo de la Síntesis y combina todas las características y sub-características de los otros seis rayos. El Maestro Sanctus Germanus representa el Séptimo Rayo, de ahí su papel como Jerarca de la Nueva Era.

La mayor deficiencia de esta perspectiva particular de nuestra actual situación es que en realidad no explica los períodos de agitación entre los períodos donde cada Rayo es dominante.

El Fin de un Ciclo Sideral

Otra forma de situarnos hoy en día es por la ubicación en un ciclo sideral de alrededor de 25,920 años. Este ciclo es aproximadamente el tiempo total que le toma a la tierra atravesar las doce constelaciones, desde Aries a Piscis, en el zodiaco astrológico. A la tierra le toma alrededor de 2100 años atravesar cada constelación. Ahora estamos finalizando nuestro paso por la constelación de Piscis, la última de las doce constelaciones, y estamos a punto de comenzar otro nuevo ciclo de 25,920 años con un período de dos mil años llamado la Era Acuariana.

La Realineación del Eje de la Tierra con su Doble Etérico

No obstante, otra forma de explicar los próximos cambios en la tierra es lo que se conoce como el "Cambio". La autora esotérica y periodista Ruth Montgomery introdujo este término en 1970.

El doble etérico de la tierra mantiene una posición estable en relación al Sol y al Logos Solar de este sistema solar. Esto constituye un punto de referencia mientras que se dice que el eje del Polo Norte-Sur de la tierra física se ladea de un lado a otro con el tiempo. Cuando los ejes polares de los cuerpos físico y etérico de la tierra están en alineamiento, la civilización en la tierra alcanza su estado de desarrollo espiritual más alto. Cuando está fuera de alineamiento, la civilización se hunde en una era oscura. Se dice que la insensatez del hombre contribuye a la desalineación de la tierra.

Durante un ciclo de 25,000 años, la tierra se desalinea seriamente de su doble etérico y después se realinea a sí misma. O, cada 12,500 años el eje de la tierra física se inclina con respecto al eje de su doble, y se realinea nuevamente en los siguientes 12,500 años. En el punto de realineación, las energías poderosas emanarán del Sol a través del eje terrestre causando catástrofes naturales de origen purificante antes de que la tierra pueda comenzar otro ciclo.

El Shamballa, el asiento místico de la Jerarquía Espiritual, se sitúa en el Polo Norte del doble etérico de la tierra. Durante el actual ciclo de 25,000 años, la tierra ha sido tan desalineada con éste que se estima que Shamballa se encuentra en un punto sobre Asia Central cerca del Himalaya, en lugar de donde debería estar, bajo el Polo Norte etérico. Así que cuando ambos polos norte eventualmente se realineen, el Shamballa estará situado sobre el Polo Norte de la tierra física en lugar de Asia Central.

Actualmente la tierra se está acercando a la realineación con su doble etérico. Cuando los dos ejes estén en completo alineamiento, comenzará la Nueva Era Dorada.

El Año 2012 del Calendario *Maya*

Otra medida del fin del actual ciclo es el solsticio de invierno del año 2012. De acuerdo a la cosmología *maya*, el 2012 es la finalización de un ciclo de 104,000 años compuesto de cuatro Grandes Ciclos *Maya*. Muchos esotéricos occidentales históricos se han aprovechado de esta fecha para predecir pesimismo y negatividad, aún cuando esta fecha es virtualmente desconocida por la vasta mayoría de la población mundial de hoy en día, incluyendo los movimientos religiosos mayores. Astrológicamente hablando, los *mayas* creen que en o alrededor de diciembre de 2012 todos los planetas de nuestro sistema solar estarán alineados con el Sol, y que la energía del Sol se verterá a través de ellos como a través de un pararrayos.

Un tal astrónomo *maya* declaró que los "océanos hervirán" en esa fecha. Falta ver si los océanos hervirán o no, pero semejante alineamiento en pleno invierno en el hemisferio norte, creemos, resultará por consiguiente en inviernos significativamente más cálidos en dicho hemisferio. Esta tendencia ya ha comenzado y los científicos que estudian las capas de hielo polar están alarmados por la velocidad con la que éstas se están derritiendo. Podemos estar seguros que a partir del 2012, este derretimiento incrementará en velocidad e intensidad y las consecuencias de este cambio climático afectarán nuestra civilización, significativamente, como la conocemos hoy en día.

Confluencia

La confluencia de estas diferentes perspectivas sugiere que estamos en el fin de un ciclo mayor del tiempo cosmológico:

1. El fin de la cuarta sub-Ronda del esquema que los Maestros presentaron anteriormente.

2. El fin de la dominación del Sexto Rayo y el comienzo de la era del Séptimo Rayo.

3. El fin de la Era Pisciana como se calcula por los expertos astrólogos occidentales, para ser seguida por la Era de Acuario.

4. La realineación de la tierra física con su doble etérico.

5. El fin del Calendario *Maya* que coincide con el fin del año 2012.

Así que desde varios puntos de vista podemos ver que estamos entrando en un período crítico de nuestra evolución, un periodo que implica la destrucción de lo viejo y el surgimiento de lo nuevo, el final de un ciclo y el comienzo del siguiente. No estamos a punto de ser aniquilados, y la vida continuará después de las catástrofes con la promesa de una Era Dorada cercana.

Todo llega a su debido tiempo y lugar en la evolución de las Rondas, de otro modo sería imposible para el mejor vidente calcular la hora y año exactos en los que tales grandes y pequeños cataclismos deben ocurrir. Todo lo que un adepto podía una vez predecir era un tiempo aproximado; mientras que ahora los eventos que resultan en grandes cambios geológicos pueden predecirse con una certeza tan matemática como los eclipses y otras revoluciones en el espacio.[9]

[9] El Maestro K.H., *Las Cartas Mahatma a A.P. Sinnett,* Carta 23B Recibida en Octubre de 1882, Adyar, India: Casa Editorial Teosófica.

CAPÍTULO 2
El Campo de Batalla del Plano Astral

". . .El plano astral es el plano de la ilusión, del glamour, y de una presentación distorsionada de la realidad."[10] *Djwal Khul*

En este capítulo, discutiremos la base esotérica de los actuales cambios terrestres los cuales, tanto a escala humana y planetaria, son un reflejo de la agitación llevándose a cabo en el plano astral de la tierra.

A continuación hay una citación del Maestro Djwal Khul. Se les invita a considerarla o a dejarla de lado si no la entienden o aceptan. Es una declaración profunda, que, una vez entendida, proporciona la base que permite explicar por qué debemos pasar a través de los profundos cambios humanos y terrestres que afrontamos.

> . . . . Calor y humedad están presentes en la producción de todas las formas de vida, pero el gran misterio. . . es comprender cómo la fusión de tres fuegos (Cósmicos) puede producir humedad o el elemento acuoso. Este problema y este fenómeno constituyen la base de la Gran Ilusión a la cual se

---

[10] Bailey, Alice A. *Tratado sobre Magia Blanca*, (New York: Lucis Publishing Company, 1934) p. 222.

> refieren los libros antiguos; a través de la acción de la combinación, se produce *maya*, el revestimiento que envuelve todo. No hay, en realidad, tal cosa como el agua; la esfera del agua, el plano astral, es. . . un efecto ilusorio y no tiene existencia real. No obstante – en el tiempo y en el espacio y para el entendimiento de la observación consciente – es más real que eso que se esconde y disimula.[11]

La tierra es el único planeta en nuestro sistema solar en el que el agua juega un papel tan importante. El 71 por ciento de su superficie está cubierta por agua, y mucho del 29 por ciento restante de tierra, medida por plataformas continentales, yace bajo el agua.

El peso del cuerpo físico de algunos organismos es hasta un 90 por ciento de agua. El cuerpo humano contiene 60 por ciento de agua, el cerebro un 70 por ciento y los pulmones cerca de un 90 por ciento. Alrededor del 83 por ciento de nuestra sangre es agua, la cual ayuda a digerir la comida, a transportar desechos y a regular la temperatura. Cada día los humanos deben reemplazar 2.4 litros de agua, una parte a través de la bebida, el resto de los alimentos consumidos.

En términos esotéricos, el agua refleja los éteres del plano astral. El predominio del agua en el planeta tierra físico refleja la influencia que el plano astral tiene sobre la vida humana hoy en día. Como veremos, el agua jugará un papel esencial en los cambios terrestres de ahora en adelante y reflejará lo que sucede en el plano astral.

---

[11] Ibídem., p. 612

¿Dónde está el Plano Astral de la Tierra?

Todos pasamos cerca de una tercera parte de nuestras vidas de cada día en el plano astral. Durante nuestras horas de sueño, la mayoría de nosotros desplazamos nuestros cuerpos astrales hacia el plano astral para trabajar o estudiar con amigos y colegas. La mayoría de nosotros regresa al plano físico con poco o nada de recuerdo de estos viajes nocturnos. Algunos, sin embargo, pueden regresar con completos informes de sus sueños, a veces desconcertados, que frecuentemente son simbólicos.

Al momento de la muerte, nos deshacemos de nuestros cuerpos etérico y físico, dejando al cuerpo astral abrirse camino a través de los siete sub-planos de lo astral. El cuánto pasemos en el plano astral depende del tipo de vida que hayamos vivido en el plano terrestre y de nuestro nivel de desarrollo espiritual. Así que "lo bueno, lo malo y lo feo" pueblan los astrales.

La ilustración a continuación representa los cinco planos, o los cuerpos de la forma, de la tierra – el físico, el etérico, el astral, el mental y el causal. El plano astral compone uno de los cinco. Éstos son idénticos a los cinco cuerpos de un humano así que el dibujo representa el cercano entrelace de nuestros cuerpos con los de la tierra. (Hay dos planos superiores, el Búdico y el Nirvánico que enlazan al planeta y a la humanidad con las grandes fuerzas cósmicas que no están representadas en esta ilustración).

El plano astral de la tierra yace más allá de los planos físico y etérico de la tierra y algunos dicen que se extiende casi a medio camino hacia la luna.[12] Otras fuentes sostienen que el plano astral mide alrededor de 10,000 pies de grosor.[13]

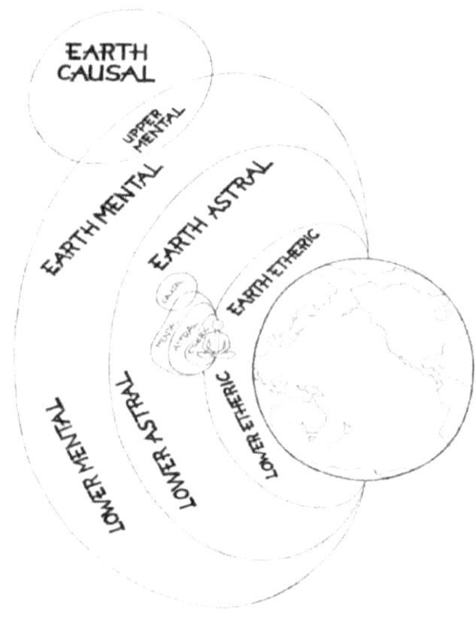

Diagrama 4: Los Cinco Cuerpos Forma de la Tierra y el Hombre Entrelazados

El plano astral está dividido en siete sub-planos y cada sub-plano está compuesto de materia etérica progresivamente más fina, trabajando ascendentemente desde el plano etérico hasta el séptimo sub-plano astral. Estas capas progresivamente más finas de materia etérica coinciden mutuamente así que no hay una clara división entre los sub-planos, no obstante cada sub-plano acoge diferentes poblaciones de entidades

[12] Leadbeater, C.W. La Vida Interior, vol. 1, Editorial Sociedad Teosófica, 1910, p. 353.
[13] Innocenti, Geraldine, Puente a la Libertad, Colección de Canalizaciones, 1953.

astrales y representa completos conglomerados de ideas y formas de pensamiento además de estructuras e instituciones de vibraciones similares. El sub-plano más cercano a la tierra física es muy similar a la vida terrestre, mientras que aquellos que están en los sub-planos astrales superiores viven existencias cada vez más etéreas y espirituales y avanzan hacia el plano mental.

Los tipos de cuerpos astrales que habitan o transitan en los planos astrales no están mezclados inevitablemente como en la tierra; en cambio, cada sub-plano acoge cuerpos astrales de vibraciones similares. Uno podría decir que los más bajos elementos humanos criminales que pasan a lo astral estarían, así, atascados en el plano más bajo hasta que sus almas asuman alguna redención. Otros que hayan tenido vidas más ejemplares son agrupados en el siguiente sub-plano y así sucesivamente. Así que la Ley Cósmica de la Atracción está realmente en acción en el plano astral.

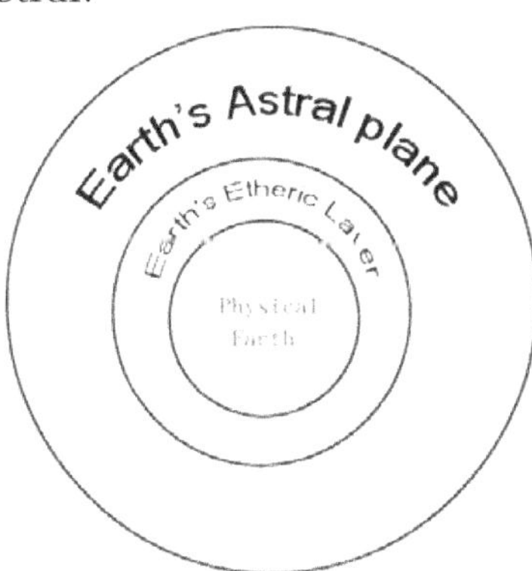

Diagrama 5: El plano astral de la tierra

Los éteres del plano astral parecen acuosos, lo cual responde a su cercana asociación con el agua en el plano terrestre y al hecho que están sujetos al constante flujo y reflujo de los deseos, de los cambios y de los caprichos de los habitantes astrales, especialmente de aquellos que están en los inestables sub-planos inferiores más cercanos a la tierra. Las incesantes crisis y los cambios emocionales que barren el plano terrestre reflejan el movimiento y las ondas del líquido astral.

Han pasado más de cincuenta años desde que los esotéricos han estudiado y analizado seriamente el plano astral y su influencia sobre la humanidad. Se necesita mucha más investigación y observación en este importante aspecto de vida sobre la tierra, especialmente por su melancólica versatilidad y múltiples mutaciones. Sin embargo, el acercamiento del final de la Cuarta Sub-Ronda de la Ronda IV coincide con el Siglo Veinte, con su incesante guerra, medios masivos y la era de la información. Estos fenómenos relativamente recientes han cambiado profundamente la naturaleza de los astrales desde los sabios antiguos y, más recientemente, los esotéricos lo han observado.

> La apariencia del plano astral, cuando es definitivamente *vista* por el "ojo abierto" del aspirante, es una de densa niebla, confusión, formas cambiantes, colores interpenetrantes e intermezclados, y es de una apariencia caleidoscópica tal que la desesperanza de la empresa parece agobiante. No es ligera, o brillante o claro. Es un desorden aparentemente impenetrable, puesto que es el encuentro de las fuerzas de tierra.[14]

[14] Bailey, Alice A., op. cit., p. 221

De hecho, es el plano astral en donde la batalla entre la Luz y la Oscuridad ya se ha llevado a cabo y ahora está teniendo lugar en la tierra. Veremos que la tenacidad de la resistencia de las Fuerzas Oscuras en el plano terrestre tiene sus raíces en Su virtual dominación de los sub-planos inferiores de los astrales.

El Estado Actual del Plano Astral Terrestre

Los extraordinarios eventos del Siglo Veinte han contaminado extremadamente los sub-planos inferiores del plano astral, formando una gruesa capa de material astral contaminada que influye en las formas de pensamiento puras descendiendo de las dimensiones superiores. A continuación demostraremos de qué está constituida esta barrera y cómo ha crecido a lo lardo de los pasados 50 años.

El Almacenamiento de la Historia Humana: Registro de la Luz Astral

El plano astral almacena su versión de la historia humana desde el punto de vista de las emociones de la humanidad: aspiraciones individuales, grupales y nacionales; motivaciones; deseos; sentimientos. A esto se le llama los registros akáshicos de la historia emocional de la humanidad. Todos los inventos humanos – el arte, la literatura, la música, lo que los sociólogos modernos llaman "cultura y civilización", sus miedos, placeres y angustias, sus representaciones cinemáticas, deseos sexuales, amores y odios, sus agonías y sus éxtasis, sus desigualdades, batallas políticas, los giros emocionales de la opinión masiva, sus aspiraciones (basadas en la economía, el poder o la religión), sus celos, sus agresiones, y así sucesivamente – y todo lo demás que caracteriza la naturaleza emocional de la existencia humana están almacenados en los anales del plano astral.

Mientras que el plano mental almacena todo el pensamiento lógico y racional, el plano astral guarda todas las formas de pensamiento que surgen del deseo y de las emociones. Por ejemplo, una oleada de moda puede tener éxito en la tierra, y todos comienzan a usar jeans o un carismático líder puede organizar mítines políticos masivos para agitar a la gente a que se amotine o haga la guerra en contra de sus vecinos. El odio masivo que hace competir a una nación con otra, un equipo de fútbol contra otro, una religión contra otra – todo está almacenado en el plano astral.

La historia emocional de cada individuo – los deseos, los caprichos, los miedos, los odios, los amores, etc. – contribuye a la multitud de datos almacenada en el plano astral a través del vínculo entrelazado del cuerpo astral de esa persona con el de la tierra. En cambio, las emociones que inflan el plano astral se aprovechan del comportamiento del individuo, con frecuencia sin conocimiento consciente. De esta manera, tenemos aspiraciones y características nacionales que dan forma a nuestro comportamiento y viceversa.

El Pensamiento en el Mundo Actual

Mucha de la actividad mental llevándose a cabo en el plano terrestre hoy en día es de una naturaleza astral, involucrando la saturación de las mentes de las personas por las millones de obras ficticias de personajes y argumentos de ensueño, el giro de hechos y propaganda dominando los medios y su énfasis en la emisión de eventos sensacionalistas o escandalosos a través de nuestras noticias diarias y programas de televisión. El auge de la información ha creado toneladas de libros ficticios, revistas, historietas y tabloides diseñados para evocar emociones. El cine, la televisión y otros modos audiovisuales se extienden y difunden semejantes historias a través de una siempre floreciente población en todos los niveles de susceptibilidad.

Puede sostenerse que, ya sea que el pensamiento sea ficticio o basado en hechos, todo es el mismo, puesto que todo es parte del *Maya*, o ilusión, de los planos físico y astral. Sin embargo, mucho del pensamiento de hoy en día se ha hundido a un nivel de entretenimiento y diversión, y las serias obras contemplativas características del plano mental han dado lugar a la producción de circunstancias repletas de emoción, ficción y tragedia. Parecería que la mayoría de los trabajos de los medios deben tener un "gancho emocional" para vender o atraer la atención del cliente. Los grandes pensadores y los pensamientos finos han sido reducidos a una minoría, ya que el clamor de los medios ensordece sus voces.

Los Medios de Comunicación Masivos y la Era de la Información en el Siglo Veinte

Los medios de comunicación masivos – periódicos, revistas, películas, radio, TV, WEB, carteleras, libros, CDs, DVDs, videos, juegos de computadoras y otras formas de publicidad – transmiten formas de pensamiento astrales a las masas. Toda la propaganda gubernamental, las concepciones políticas masivas, la música pop, las creaciones ficticias, la literatura, las series deportivas y las tendencias de moda, las películas, el constante parloteo y chismorreo de los medios populares acerca de las estrellas de cine, celebridades y cosas por el estilo toman forma en material astral en el plano astral antes de manifestarse en la tierra. Ayudadas por aparatos de copiado tales como fotocopiadoras, aparatos de grabación, video y cámaras digitales y programas de computadoras, estas formas de pensamiento son entonces multiplicadas exponencialmente y son repetidas en la conciencia humana hasta que penetran y saturan tanto la mente subconsciente (astral) como la consciente.

Las formas de pensamiento de los medios de comunicación masivos se originan y regresan al plano astral. El constante parloteo de la radio, la TV, la WEB y las películas da forma e influencia el pensamiento de la humanidad hoy en día y no tiene precedentes en la historia. Esto es lo que entendemos como los poderes emisores de la bestia cabeza de hidra representada en Revelaciones de la Biblia.

Nuestro Sistema Económico Alimenta el Deseo en el Plano Astral

"Toda la situación económica moderna es de una naturaleza astral; es el resultado del deseo y el resultado de cierto uso egoísta de las fuerzas de la materia".[15]

Comenzando desde la creación del deseo material a través de técnicas de manipulación mental tales como la propaganda, observamos los millones de contenedores marítimos con cargas de juguetes, electrodomésticos, herramientas, ropa, autos, muebles, equipo médico, etc., que son transportados

[15] Ibídem., 225

de un extremo del mundo al otro para satisfacer los deseos humanos en gigantescos centros comerciales y tiendas en cada país. Enormes cargamentos de materia prima – madera, metales, plásticos, bienes agrícolas – son traídos y vendidos para que las fábricas alrededor del mundo puedan producir bienes y satisfacer cada capricho y deseo.

Poca gente, o ninguna, puede escapar a la avalancha de estos deseos impuestos, puesto que son eventualmente pintados en nuestros cuerpos emocional y astral ya sea directamente o a través de la conciencia de masa. Añadan a esto el intercambio de billones en transferencias bancarias y efectivo para pagar por la satisfacción de estos deseos y tenemos un torbellino de comercios para alimentar los deseos astrales. Todos los intercambios de bienes, servicios y dinero tienen su contraparte en el plano astral, así que nunca antes el plano astral ha estado tan repleto con tanto deseo manipulado y satisfacción material – o insatisfacción.

Las Guerras Masivas en los Siglos 20 y 21 Llenan el Plano Astral con su Matanza

La matanza humana durante el Siglo Veinte ha sido sin precedentes. Las dos Guerras Mundiales; las revoluciones, la depuración Stalinista y Maoísta; las guerras de descolonización, los conflictos regionales y los genocidios incluyendo a las guerras coreana y vietnamita; la matanza masiva en Bosnia, Camboya, Congo, Sri Lanka, India-Pakistán, Somalia, el Medio Oriente y muchas más han sobrepoblado el plano astral con caparazones astrales de los muertos.

Como se explicó anteriormente, cuando una persona muere, el alma abandona sus cuerpos físico y etérico pero el cuerpo astral continúa existiendo en el plano astral. Si el alma se inclina a avanzar en el plano mental, el alma deja su cuerpo astral y avanza, al punto en que el cuerpo astral pasa por una segunda muerte, dejando detrás un caparazón astral que se desintegrará con el tiempo.

Si el alma no se inclina a avanzar – o a evolucionar – como es el caso de muchos elementos criminales y humanos de tipo inferior, el cuerpo astral simplemente perdura en el sub-plano apropiado al nivel evolutivo de esa persona. Todas las vibraciones similares están agrupadas, y muchos de los elementos inferiores se vuelven y permanecen claramente aburridos y buscan por consiguiente disfrutar de la emoción y la aventura del plano terrestre.

La violencia del Siglo Veinte vista en las muertes masivas de millones ha llenado estos sub-planos astrales inferiores con caparazones y entidades, haciéndolos más impenetrables que nunca antes, hasta el punto que bloquean la fina esencia que generalmente fluye de las dimensiones espirituales superiores a la humanidad.

De esta manera poblado, el plano astral inferior gradualmente ha adquirido una vida propia. Los caparazones astrales de los cuerpos que se fueron hace tiempo, incluso aquellos que datan de la era lemuriana, merodean cazando energía del plano físico para aplazar su eventual desintegración. ¡Tan cargado está el plano astral que se dice que se añaden 150 libras por pulgada cuadrada a la presión atmosférica normal de 14.7 libras por pulgada cuadrada![16] ¿Hay

---

[16] Discurso del Arcángel Miguel, *Los Siete Queridos Arcángeles Hablan,* Bridge to Freedom, Inc, 1954

alguna duda que sintamos que llevamos semejante carga con nosotros todos los días?

Como discutiremos más tarde, las Fuerzas Oscuras han sido capaces de resucitar y reclutar estas hordas de caparazones astrales y entidades astrales de evoluciones inferiores para sus propósitos.

El Efecto Vampiro: Hablando de la Muerte y la Resucitación

Los caparazones astrales no tienen alma y entonces no pueden extraer vida de sus propias almas como lo hacen los seres vivos normales. En cambio, como parásitos de energía, dependen de la humanidad para sostenerse. Ellos extraen energía de reuniones grupales tales como eventos deportivos, reuniones religiosas, reuniones fundamentalistas, guerras y cualquier otro evento masivo que resulta en flujos de emociones tales como odio o amor.

Individualmente, con frecuencia pueden poseer a humanos que no están conscientes de esta carga extra. Muchos caparazones astrales conservan obsesiones no resueltas tales como el alcoholismo, las adicciones al cigarro o a las drogas y cosas por el estilo y extraen la misma experiencia a través de otro poseyendo cuerpos físicos en el plano terrestre – una forma de síndrome de mono en la espalda.

A través de semejantes relaciones parasitarias, el plano astral ha tomado vida propia. Ha desarrollado *auto-interés*, ya que los caparazones se dieron cuenta que ellos están en camino hacia la desintegración y necesitan una fuente de energía para sostenerse. Esto lo pueden hacer tanto cualitativa como cuantitativamente manteniendo a la humanidad anclada en el plano físico.

Las entidades astrales, desesperadas por mantenerse, es decir permanecer "vivas", han inventado muchas formas de comunicarse con el plano físico y sustraer la energía necesaria, como un vampiro, quien es vivificado después de sustraer sangre de su víctima. Es por esto que, mientras la población de los caparazones astrales crece, la población humana de la Tierra física también florece, puesto que el plano astral debe sostenerse.

Otros medios por lo cual esto ocurre implica la posesión por entidades de individuos y organizaciones para crear eventos masivos, mítines, reuniones, conflictos y guerras – donde sea que se necesite para alimentar y mantener las poblaciones astrales. Los caparazones astrales de los sub-planos astrales inferiores, quienes se han vuelto peones de las Fuerzas Oscuras, son conocidos por pegarse y poseer individuos para forzarlos a llevar a cabo sus oscuros propósitos.

Al mismo tiempo, entidades en los sub-planos superiores del plano astral, caparazones astrales y formas de pensamiento de luminarias pasadas e individuos inspirados, también se mantienen adjuntándose a organizaciones religiosas bien intencionadas y a grupos de meditación de la Nueva Era, posando como gurús o consejeros de los reinos "espirituales". La mayoría de lo que estos caparazones tienen para decir o enseñar es una reiteración de lo que sus formas humanas enseñaron mientras estaban encarnados sobre la tierra. Contrarias a aquellas de los sub-planos astrales inferiores, muchas de estas enseñanzas son bien intencionadas aún cuando no vienen de las fuentes de sabiduría superiores.

Así que la naturaleza parasitaria de los caparazones del plano astral es tanto buena como mala pero generalmente no superior en desarrollo espiritual a la del plano terrestre. Por esta razón, una relación astral parasitaria puede parecer sagrada, cuando en realidad es de un orden inferior. Y semejantes relaciones parasitarias son sujetas como cualquiera de los giros emocionales y caprichos de plano astral.

Los Extra Terrestres Promueven la Jerarquía Oscura en el Plano Astral

No será sorpresa escuchar, entonces, que el plano astral se ha convertido en la herramienta primaria de las Fuerzas Oscuras para emitir y manipular el pensamiento sobre el plano terrestre. Merodeando en los tramos exteriores de nuestra atmósfera hay fuerzas extraterrestres esperando beneficiar del caos de este pralaya y establecer su régimen en la tierra. Aun cuando se han aliado con ciertos gobiernos terrestres, la ley cósmica todavía les prohíbe la entrada al plano terrestre. Para acceder a la tierra, en cambio, ellos han aprendido a utilizar a los habitantes del plano astral quienes, a su vez, influencian a la población humana sobre la tierra.

Los agentes de las Fuerzas Oscuras en forma no encarnada residen en los sub-planos inferiores del plano astral. No están interesados en ascender a los sub-planos superiores o redimirse y, por lo tanto, están atascados *in situ*. Por consiguiente, sin tener una fuente de vitalidad, ellos buscan sobrevivir a través de la reencarnación, poseyendo a individuos o influenciando grupos grandes.

Los extraterrestres oscuros son capaces, de alguna manera, de aplicar tecnologías eléctricas para energizar estos cuerpos y caparazones astrales para que puedan incitar a los humanos físicamente para formar grupos y fomentar encuentros masivos en el plano terrestre – esto para generar la energía necesaria para su supervivencia. Incluso nosotros sospechamos que ellos tienen los medios para permitirles a estos caparazones astrales reencarnar en los cuerpos, justificando la gran cantidad de humanoides sin alma caminando sobre la tierra bajo la influencia de las Fuerzas Oscuras.

El Movimiento de la Nueva Era Secuestrado a Través del Plano Astral

Debido a que más de los de la nueva generación en la tierra exhiben las habilidades psíquicas necesarias para comunicarse con los otros planos, cantidades mayores de estos inexpertos e incultos psíquicos o médiums caen víctimas de entidades astrales haciéndose pasar por Maestros o ángeles y exponiendo varios temas políticos o espirituales. Éstos han sido la fuente de una gran cantidad de parloteo astral, dando información de naturaleza inferior y charlatana e impulsando a los receptores a proliferar la información en masa por medio del correo electrónico e Internet. Cada emoción que ellos son capaces de evocar a través de estos mensajes, les envía energía extra y sus tentáculos se extienden más y más agresivamente hacia el medio de la humanidad mientras ellos se acercan a su fin.

El Movimiento de la Nueva Era, los ashram prolíficos y los grupos religiosos ofrecen acceso preparado y compasión tanto para los extra-terrestres como para los caparazones astrales que posan como santos y yoguis pasados. Las entidades y los caparazones astrales canalizan "mensajes desde los planos superiores" a través de psíquicos inexpertos para crear grandes seguidores o ashrams como fuentes de energía. Los grupos altamente devotos con seguidores de fe ciega son particularmente propensos a este tipo de manipulación a través de interpretaciones torcidas de enseñanzas espirituales, incitación al fanatismo y flujo de emociones. Como un ejemplo, el desfile del cuerpo del Papa después de su muerte entre las masas para evocar un flujo de dolor debe haber servido como un banquete virtual para los caparazones astrales.

La Promoción de una Jerarquía Oscura Con Personajes Astrales

Las fuerzas extra-terrestres merodeando la Tierra han creado una jerarquía oscura que imita la legítima Jerarquía Espiritual planetaria. La Jerarquía incluye réplicas de Maestros tales como Sanctus Germanus, El Morya y Kuthumi así como también otros que han ganado importancia a través del Movimiento de la Nueva Era. Estas réplicas hablan a través de grandes cantidades de psíquicos y médiums inexpertos de la Nueva Era. Incluso algunos descaradamente requieren que sus audiencias les den energía a través de cantos o sentándose en ciertas posiciones.

Incluso hoy en día existen grupos que han tratado de revivir técnicas de sesiones Espiritistas del Siglo 19 para dar a esta jerarquía oscura un medio para encarnarse y comunicarse en el plano terrestre.

Usando ectoplasma emitido de los médiums elegidos, los caparazones astrales han sido capaces de hacer que su presencia sea vista o escuchada en el cuarto de la sesión espiritista. Su acceso a los Registros de la Luz Astral les permite impresionar a los asistentes a su sesión con hechos sobre sus vidas, y las enseñanzas espirituales generalmente imitan la Sabiduría Antigua.

Como un resultado de los eventos e innovaciones tecnológicas del Siglo Veinte, podemos ver que los sub-planos inferiores del plano astral se han convertido en una capa oscura y turbia de influencia negativa que se mezcla con el plano etérico de la tierra y han impedido, por un considerable período de tiempo, el flujo de las *energías prana* del Sol hacia el plano terrestre. El bajo estado general de salud en el plano terrestre es solamente un resultado, mayormente debido a la influencia emocional que este plano ejerce sobre la humanidad, balanceando tanto a los individuos como a las masas de un extremo al otro, tanto como en la forma en que el sistema climático puede transformar la calma del mar en una agitada furia de destrucción.

Limpieza del Plano Astral

Nos hemos explayado en la descripción del estado actual del plano astral sobre todo para ilustrar por qué, como parte del actual oscurecimiento o pralaya, la Jerarquía Espiritual y las Grandes Fuerzas Cósmicas se han juntado para limpiarlo. La humanidad, siendo la creadora del plano astral, no tiene ni la voluntad ni el poder para limpiarlo sola.

Ahora las Fuerzas Cósmicas han tomado el mando, y un irreversible proceso de limpieza ha comenzado.

Están involucradas dos tipos de Fuerzas Cósmicas: La primera es una afluencia de energías etéricas más finas desde los planos causales y mentales de la tierra fluyendo hacia los planos astral, etérico y físico inferiores. Éstas son energías femeninas[17] que equilibrarán las energías predominantemente masculinas de la era actual. La segunda es una limpieza más general de todos los cuerpos de la tierra mientras el sistema solar entra en el cinturón de Fotones de nuestra actual galaxia.

Estas dos fuerzas cósmicas mayores afectan a todos los planos, y nosotros somos lo que estamos más al corriente de sus efectos en los planos físico, etérico y astral. Como ellas son de una naturaleza vibracional superior, cuando tocan estos planos vibracionales inferiores, causan la agitación que sentimos en la Tierra antes de que se sienta cualquier beneficio. Estas son las fuerzas detrás del actual proceso cósmico de depuración popularmente conocido como el Armagedón (ver volumen 1).

Algunos individuos, sin embargo, a través de la meditación y la purificación, han sido capaces de forjar un camino a través de la gruesa materia astral para mantener el contacto con sus planos mental y causal superiores. Logrando este contacto, ellos han superado los efectos del plano astral y así pueden permanecer por encima de la pelea durante el tumultuoso proceso de limpieza.

[17] No confundir con energías de género (sexo) femenino. Las energías femeninas constituyen una categoría de energía cósmica que equilibra la otra categoría, las energías masculinas

El Flujo Descendente de las Energías Etéricas Femeninas más Finas

Coincidiendo con lo oportuno del pralaya actual, los Grandes de la Jerarquía Espiritual tomaron la decisión de liberar materia etérica más fina de los planos mental y causal hacia el astral. Esto es solamente una parte de la dispensa adquirida para la humanidad por el Maestro Sanctus Germanus. Estas energías incluyen las cualidades femeninas necesarias para equilibrar las energías demasiado masculinas que dominan el plano terrestre. Cuando la energía etérica más fina desciende sobre las energías más densas del plano mental, del astral, del etérico y del físico tiene un efecto limpiador natural, ya que lo más burdo cede ante lo más fino. También tiene un profundo efecto sanador sobre los pobladores de la Tierra y requerirá una revisión de ciencia y conocimiento para entenderlo. El efecto sanador ha dado surgimiento a muchas modalidades de energía sanadora en el Movimiento de la Nueva Era.

Cuando estás energías más finas se extiendan hacia los sub-planos superiores del plano astral, establecerán el escenario para el desarrollo de formas superiores de arte, emoción y deseo, las cuales evolucionarán más durante la Nueva Era Dorada. El continuo descenso de estas energías más finas hacia las sub-planos inferiores de lo astral causará mucha agitación ya que entran en conflicto con las energías más densas. El efecto principal será volver locos a los caparazones y entidades astrales de nivel inferior, lo cual será proyectado y reflejado sobre la tierra como la locura general que observamos en los acontecimientos actuales.

Específicamente, cuando estas energías más finas lleguen a los sub-planos inferiores, los cuerpos y caparazones astrales residentes preverán su desaparición, puesto que las energías inferiores cederán ante las superiores. Las energías más finas naturalmente apresurarán el deterioro de los caparazones astrales residuales y los pulverizarán hasta dejarlos en sus estados atómicos o subatómicos originales. Estas entidades, sin embargo, no caerán sin dar poderosos y desesperados ataques para sobrevivir, cada ataque es percibido como una explosión de comportamiento violento o locura repentina en algún lugar de la tierra.

La gran esperanza es esta: No importa cuán violenta sea la lucha, estas entidades astrales eventualmente serán arrancadas de raíz y se les permitirá disiparse, como lo debieron haber hecho desde la primera vez.

El Efecto sobre el Plano Terrestre de las Descendentes Energías más Finas

El efecto sobre el plano terrestre de estas energías más finas descendentes será aún más pronunciado cuando la Cuarta Sub-Ronda llegue a su cierre, con las entidades y caparazones astrales intentando poseer y drenar a más y más individuos en el plano terrestre para su necesitada vitalidad.

Los tiroteos escolares por individuos poseídos se volverán más frecuentes y más tarde se diversificarán en otras atrocidades. Mucho del creciente auge en las adicciones a las drogas y al alcohol también puede ser localizado en estas entidades. Ellas poseerán a los débiles de mente y a los que están privados de derechos en la sociedad para satisfacer sus antojos pendientes.

Sin embargo, la posesión del individuo solo no es suficiente para mantener la gran población de las entidades astrales. Deben acosar como parásitos porciones más y más grandes de la población humana para mantenerse. La mejor y más eficiente forma de sustraer energía del plano terrestre es evocando miedo grupal – cuanto más fanático mejor, ya que el fanatismo gasta más energía.

Las reuniones y protestas masivas emanan cantidades siempre más grandes de energía destinada al plano astral – cuanto más emocional es la empresa, más grande es la fuente de energía. Los medios masivos con sus tecnologías de sonido y luz fácilmente pueden crear concentraciones masivas de energía. Los eventos deportivos mundiales tales como la Copa Mundial y las Olimpiadas, los conciertos de rock y los raves, los grandes ashrams y las guerras, proyectados en cada hogar alrededor del mundo a través de la televisión e Internet, evocan todos, el flujo emocional que proporciona al plano astral la energía necesaria para mantenerse y resistir las energías entrantes.

Hasta ahora, las mejores fuentes de flujos emocionales son las guerras, cuanto más sangrientas y más atroces mejor.

En las líneas laterales como los coros en las antiguas tragedias griegas, los medios cantan para ganar miedos masivos asociados con la guerra, lo pandémico y el terrorismo para crear incluso fuentes de energía más sustentadas para desesperadas entidades del plano astral.

Las grandes instituciones y burocracias gubernamentales, las cuales por mucho tiempo han sido "el pan y la mantequilla" del abastecimiento de energía para el plano astral, están esfumándose lentamente mientras que las computadoras pasan a primera plana. El estilo de trabajo cansado y sin vida del burócrata demuestra cuánto estas viejas instituciones han sido drenadas de su vitalidad a través de los años. Por lo tanto, hay un llamado urgente para ganar nuevas fuentes de energía en estos desesperados tiempos astrales. Como la guerra representa el gasto más grande de energía y puede ser movilizada por gobiernos nacionales, veremos más y más conflicto en los días de cierre de este ciclo. Y por supuesto, el odio y el fanatismo como es visto en los recientes movimientos islámico y cristiano añaden aún más a este festín de energía emotiva que mantiene alimentado e hidratado al plano astral.

Eventualmente, mientras estas energías más finas continúan filtrándose, la agitación más grande en los planos astral y terrestre se suavizará después de los arranques desesperados iniciales, puesto que a pesar de los intentos por sobrevivir, cualquier cosa vibracionalmente incompatible con las nuevas energías se desintegrará. Incluso los sub-planos superiores del plano astral experimentarán una limpieza, y la calidad del pensamiento intelectual, del arte y de la música surgirán para un nuevo estándar en preparación para la Nueva Era Dorada.

El Sistema Solar entra al Cinturón de Fotones de la Galaxia y Agita el Plano Astral

Las energías etéricas más finas están descendiendo sobre los varios planos de la tierra al mismo tiempo que el sistema solar ha comenzado a atravesar el Cinturón de Fotones de la Galaxia (Ver diagrama 6).

Esto no solamente es una coincidencia, sino que es parte del Plan Divino.

Durante este paso, los planos astral, etérico y terrestre estarán sujetos a los cinturones de energía poderosa y turbulenta que tendrán el efecto de aceleración de nuestra percepción del tiempo y causarán gran turbulencia, la cual acelerará y agravará la actividad astral, causando acciones desesperadas de auto preservación.

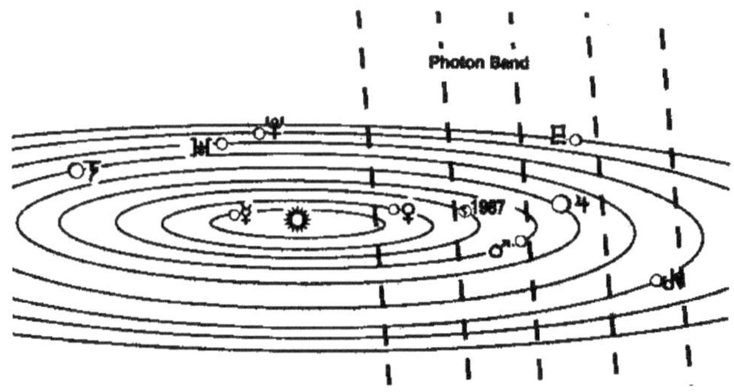

Diagrama 6: Nuestro Sistema Solar Entrando al Cinturón de Fotones[18]

El Gran Efecto Lavadora

La combinación del flujo descendente de las energías etéricas más finas y el "efecto lavadora" del cinturón de fotones tiene un profundo efecto sobre el

[18] Clow, Barbara Hand, *La Agenda Pleyadiana, Una Nueva Cosmología para la Era de Luz*, Santa Fe, New Mexico: Bear & Company Publishing, p. 37.

plano terrestre ya que los caparazones astrales y las oscuras entidades astrales en los sub-planos inferiores más cercanos a la tierra luchan por mantenerse vivas.

El diagrama 7 ilustra los senderos de energías arremolinados y multidimensionales a los cuales está sujeto nuestro sistema solar mientras atraviesa el cinturón de fotones. Su efecto sobre el plano astral puede causar solamente agitación que será terminada en el plano terrestre.

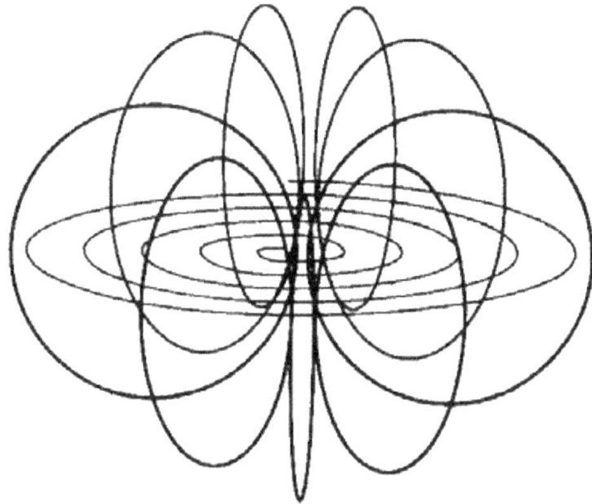

Diagrama 7: El Gran Efecto Lavadora de las Energías del Cinturón de Fotones[19]

Reacciones Desesperadas

Cuando las energías más finas limpien el plano astral, las Fuerzas Oscuras arremeterán y tratarán de arrastrar a la tierra con ellas usando la depresión económica para justificar el pisoteo de los derechos del hombre y de la militarización de la sociedad. Su

[19] Ibídem, p.31

objetivo es ocupar al mundo en una guerra mayor para la cual las preparaciones están en proceso actualmente. Este es el último obstáculo para la humanidad y su asociación con las Fuerzas Oscuras y debería ser percibida como la última barrida de las energías limpiadoras a través de los sub-planos inferiores de lo astral.

Estas dos importantes fuerzas limpiadoras continuarán hasta que el plano astral haya sido limpiado de todo lo que no sirva a la humanidad en la tierra. Esto resultará en el colapso de todo el sistema financiero y del belicismo que las Fuerzas Oscuras han iniciado para controlar a los habitantes de la tierra. Ellas también serán la fuerza detrás de los vastos cambios terrestres que yacen por delante a través de las décadas por venir y que causan un trastorno aún mayor en nuestra actual civilización. Estas dos importantes fuerzas cósmicas echándose encima de la tierra formarán el telón de fondo de todas las acciones que la humanidad emprenda de ahora en adelante. La humanidad puede elegir entre ir contra corriente y perecer o viajar junto con el pralaya y sobrevivir. Es cuestión de elección.

CAPÍTULO 3

Cambios Terrestres

"El enfoque de cada nuevo oscurecimiento siempre es indicado por cataclismos de fuego o de agua".[20] *Kuthumi*

Los cambios terrestres en los años venideros incluirán tanto al fuego como al agua. Para traducir las palabras del Maestro Kuthumi en términos modernos, más calor en la tierra – calentamiento global – causará el derretimiento de la vasta capa de hielo que cubre Groenlandia, la vasta capa de hielo del continente de la Antártica, el permahielo de los límites norte de las masas terrestres norte americana y asiática, y las porciones de hielo de las altas montañas y el permahielo en las cadenas montañosas de la tierra.[21]

---

[20] El Maestro K.H., *Las Cartas Mahatma a A.P. Sinnett*, Carta 23B Recibida en octubre, 1882

[21] En la publicación académica Cartas de Investigación Geofísica, un equipo guiado por la Dra. Isabella Velicogna de la Universidad de Colorado, Boulder, encontró que la capa glacial de Groenlandia disminuyó por 162 (más o menos 22) kilómetros cúbicos al año entre el 2002 y el 2005. Esto es mucho más que las estimaciones publicadas anteriormente, y representa un cambio de aproximadamente 0.4 milímetros (.016 pulgadas) por año para la elevación del nivel del mar global. Groenlandia alberga la reserva más grande de agua fresca en el hemisferio norte, y cualquier cambio sustancial en la masa de su capa glacial afectará el nivel global del mar, la circulación del océano y el clima.

"El Calor de los Siete Soles"

Durante una discusión acerca de los cambios terrestres, un Lama tibetano en el Himalaya repitió las enseñanzas de la Orden Budista Tibetana más grande, la Kagyus, sobre lo que estaba a punto de suceder. Se dice que la tierra atravesará las siguientes tres etapas:

- El calor se los siete soles caerá sobre ella
- El calor será seguido por inundaciones masivas para limpiar la superficie terrestre
- Fuertes vientos seguirán después para secar algunas de las áreas inundadas

En el caso de un Pralaya Mayor este ciclo se repetiría hasta que la tierra estuviera totalmente vacía de vida o limpia en el caso de un Pralaya Menor tal como el que enfrentamos actualmente.

¿Cuándo esperaban estos budistas que estos cambios sucedieran?

"Pronto", dijo él. "No sé exactamente, pero creemos que será pronto".[22]

Para ilustrar la posibilidad del "calor de los siete soles" descendiendo sobre la tierra, el diagrama 8 muestra la relación de nuestro sistema solar con los otros soles en la galaxia y cómo a un tiempo dado, todos los siete soles se podrían encontrar en la banda central de la galaxia.

---

[22] Discusión privada con el Lama Tenzing del Monasterio Bhutia Busty en Darjeeling, Bengala Occidental, India, noviembre 2005. Esta conversación fue seguida por una audiencia privada con el Karmapa, el papa de la Orden Kagyu en septiembre 2006.

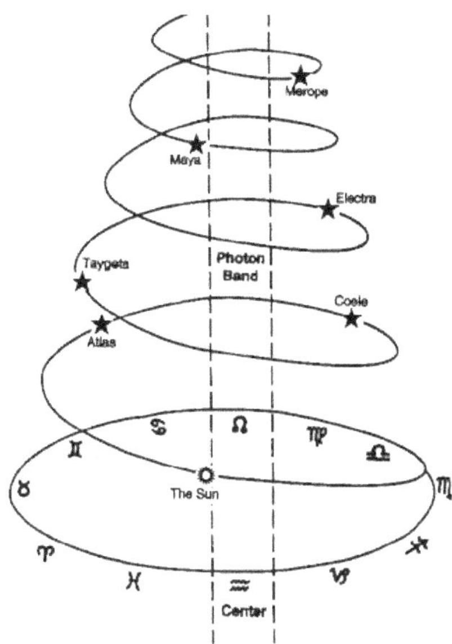

Diagrama 8: Posible Coincidencia de Cómo los Siete Soles en un momento dado en el tiempo galáctico (¿2012?) podrían alinearse en el cinturón de Fotones para producir el calor de los Siete Soles (cada estrella representa una estrella con su sistema solar).[23]

¿Podría ser el alarmante índice actual del calentamiento global el precursor de este gran calor de los Siete Soles? Creemos que lo es. De hecho, ya estamos experimentando los efectos del calentamiento global – tsunamis, terremotos, huracanes, inundación – marcando el fin de la Cuarta Sub-Ronda IV y el comienzo del Pralaya Menor. El creciente calor será fundamental para los cambios terrestres.

---

[23] Ibídem., p. 33

En los años venideros, predecimos tres etapas de los cambios terrestres que formarán el telón de fondo para la supervivencia de la civilización humana. Para este propósito, usaremos el Año 2012 como una marca analítica conveniente para nuestras mentes limitadas por el tiempo.

No importa qué camino tome la humanidad, los cambios terrestres procederán, y la humanidad debe decidir la mejor forma para transformar estos cambios en oportunidades para crear una sociedad mejor, una que sirva a la humanidad en su búsqueda por la Liberación del Alma.

Etapa 1: El Presente hasta el Año 2012

Los cambios terrestres se han estado llevando a cabo por siglos en la forma de erupciones volcánicas, terremotos, cambios climáticos y cosas por el estilo. Actualmente, el calentamiento global debería ser la preocupación más grande para nosotros. Hasta el año 2012, las inundaciones regionales o localizadas, los terremotos y los tsunamis asediarán la tierra. Casualmente, estos cambios terrestres 1) servirán como catalizador para la caída del actual régimen financiero y bélico, 2) indicarán a los portadores de luz que deben prepararse para trasladarse a ciertas Regiones Espirituales en tierras altas y 3) servirán como advertencias a la población en general de desastres "naturales" incluso más grandes por venir.

Etapa 2: Cambios Terrestres del 2012 al 2080

Creemos que en el Hemisferio Norte al final del invierno del 2012, las temperaturas alcanzarán su cúspide mientras que los Siete Soles se alinean momentáneamente y concentran su calor en nuestro sistema solar. Semejante inyección de energía provocará un derretimiento incluso más rápido de las vastas áreas de permahielo en el Hemisferio Norte y del continente de la Antártica, causando una elevación significativa de los niveles del mar, lo cual a su vez impactará gravemente a la sociedad humana.

El derretimiento acelerado causará inundaciones importantes en áreas de tierras bajas o costeras en todo el mundo, resultando en un éxodo masivo de regiones bajas a ciertas Regiones Espirituales altas y designadas. En medio de esta agitación, los portadores de luz serán capaces de aprovechar esta oportunidad para crear una sociedad de transición que colocará las piedras base para una Nueva Era Dorada. (Ver Capítulos del 6 al 8).

Etapa 3: Cambios Continentales en el 2080 y Más Allá

Replegadas en las Regiones Espirituales designadas, las sociedades humanas experimentarán un nuevo despertar. Los portadores de luz y los remanentes de poblaciones civiles pondrán en práctica principios cósmicos que eventualmente anunciarán la Nueva Era Dorada en las Regiones Espirituales, después se expandirán a las áreas circundantes. Al mismo tiempo, ocurrirán cambios continentales importantes para transformar la superficie de la tierra en los siglos por venir.

La Lógica de los Cambios Terrestres

Si miráramos fijamente a la tierra desde la perspectiva de la Jerarquía Espiritual, habría muy pocas áreas en la superficie terrestre que no hubieran sido tocadas o alteradas por la humanidad en una forma negativa. La verdad sea dicha, la humanidad responde por TODA la contaminación en la superficie de la tierra. La limpieza periódica para reclamar la naturaleza prístina de la tierra es necesaria, así que los cambios terrestres que estamos sufriendo no son eventos catastróficos al azar sin propósito o razón. Desde la perspectiva de la Jerarquía Espiritual, éstos son cíclicos así como también con propósito.

Como la mayoría de la contaminación está localizada a lo largo de las áreas costeras, las aguas continentales y áreas urbanas, es lógico que estas vayan a ser áreas intensamente elegidas como blancos para la limpieza en las etapas uno y dos. Las áreas de más contaminación industrial y moral son en las que ocurrirán cambios más grandes. Las áreas sobrecargadas y muy pobladas serán dispersadas hasta que la tierra vuelva a ganar su equilibrio y claridad.

Las convulsiones y cataclismos por venir tienen la intención de limpiar y re-purificar. No son castigos para la humanidad, por mucho que pueda haber causado la contaminación. Un cataclismo debería llevarse grandes cantidades de seres humanos, esto es porque las almas de estos individuos han elegido abandonar la tierra de esta manera. Es por esto que debemos enfatizar que la supervivencia del individuo es cuestión de elección. Él o ella puede prestar atención a las múltiples advertencias y quitarse del camino del daño o sucumbir.

Etapa 1: Advertencias previas al 2012 de los Cambios Terrestres por Venir

Hoy en día nos encontramos en la Etapa 1 de un proceso de oscurecimiento en marcha que incluye 1) la entrada de materia etérica vibracionalmente más alta y más fina, 2) la aceleración del tiempo y el efecto lavadora por entrar a la banda de fotones, y 3) el incremento del calor cósmico para producir el calentamiento global. Ya hemos discutido los efectos tanto del #1 como del #2. Las sacudidas catastróficas periódicas de los desastres naturales agotarán los recursos de varias naciones bélicas junto con el poder y la popularidad cada vez más erosionados de los gobiernos mientras fallan en responder al desastre.

Mientras el plano astral experimenta la limpieza y la mayoría de las Fuerzas Oscuras son expulsadas, nosotros comenzaremos a experimentar la hermandad que ha esquivado por tanto tiempo a la humanidad. Las fuerzas de lo bueno e inocente comenzarán a superar en número a las fuerzas oscuras y negativas, y el equilibrio entre la luz y la oscuridad se inclinará hacia el lado de la luz. La acción grupal y la cooperación alcanzarán una nueva altura y el servicio y la ayuda mutua llegarán naturalmente. La atmósfera general en la tierra será mucho más brillante, y el nuevo resplandor inspirará a todos para renovar sus vidas, el amor a sus vecinos y para que se abran a las posibilidades de las dimensiones superiores.

Pero mientras celebramos, tendremos que enfrentar cada vez más señales alarmantes de los cambios terrestres tales como el rápido derretimiento que ocurre en Alaska y Groenlandia y los patrones climáticos inusuales que traen lluvias intensas a otras partes del mundo. La inusual actividad de huracanes y tifones en el Atlántico y el Pacífico resultará en inundaciones fuera de lo normal en áreas costeras y pérdidas de vidas. Estas son las señales de advertencia de mayores cambios terrestres por venir, no es solamente otro ciclo climático, y deberían incitar a las personas para comenzar a planear una mudanza a tierras más altas.

Señales de Advertencia: Olas de Calor, Tormentas, Derretimiento Polar y Terremotos

Los científicos de hoy en día están concluyendo que hay un "alarmante" derretimiento llevándose a cabo en las regiones árticas y antárticas del globo. El calentamiento global ha llegado a las primeras planas de los principales periódicos. Encabezados como "ESTE INVIERNO LLOVIÓ EN LA ANTÁRTICA"[24] dominarán nuestras noticias. Los reportes geológicos durante los inviernos 2005-2006 indican que el hielo en el Ártico no pudo volver a formarse y que enormes trozos del glaciar de Groenlandia están cayendo al mar incluso en invierno. El derretimiento ya ha alcanzado otro nivel de aceleración. Aunque la humanidad haya contribuido al calentamiento global, la culpa y las buenas intenciones de movimientos anti-calentamiento global no detendrán el derretimiento. La "alarma" de los científicos quiere decir que el proceso de oscurecimiento ahora es apreciablemente visible y está a la vuelta de la esquina.

Se dice que la temperatura del mar ártico era de 23°C hace aproximadamente 55 millones de años y que el atlántico alcanzaba los 42°C aproximadamente hace 60 millones de años. Este era el estado de la tierra entonces, y sucederá nuevamente. Las olas de calor comenzarán a invadir el planeta. Calor y alivio,

---

[24] *La Presse*, Montreal, Marzo, 2006

más calor y después alivio será el patrón obvio en ambos hemisferios. Primero, estos eventos climáticos ocurrirán en regiones aisladas, después se expandirán a áreas más grandes, después a continentes enteros. Éstas son señales que deben ser consideradas y no ignoradas.

No solamente será el derretimiento del hielo visible sino también el de las vastas zonas de permahielo en el norte de Canadá y de las masas continentales asiáticas en el norte de Rusia lo que elevará el nivel de los mares y hará crecer los cuerpos de aguas continentales. Los diques, las presas y los rompeolas estarán bajo más y más tensión. Las estructuras subterráneas, como los sótanos y los complejos para estacionamiento, estarán sujetas a las filtraciones de agua subterránea; esta agua comenzará a recorrer los malecones a lo largo de los lagos y los parques costeros. Gradualmente, el agua mostrará señales de apoderamiento de la tierra, pero en este período antes del 2012, la mayoría no será capaz de conectar estos pequeños eventos al panorama más grande.

En el período antes del 2012, los violentos huracanes como el Katrina que golpeó a Nueva Orleáns en el 2005, los tifones que empaparon el sur de China y de la India en el 2005 y 2006, las inundaciones que devastaron la árida Etiopía en el 2006, las inundaciones en Europa oriental en el 2005 y el tsunami del océano índico que golpeó los países circundantes – estos cambios climáticos, y muchos otros, simplemente fueron muestras del futuro. Además de grandes y espectaculares tormentas, inundaciones en instantes, lluvias inusualmente pesadas y ciclones "insólitos" plagarán áreas de tierra adentro. Por supuesto, los científicos erróneamente verán estas tormentas como el regreso de anteriores ciclos climáticos como El Niño o un ciclo climático del atlántico de 1930, en lugar de una parte del proceso inicial del oscurecimiento.

Los periódicos terremotos bajo el agua y sobre tierra nos sacudirán durante esta etapa del pralaya. Los terremotos ocurrirán con creciente frecuencia e intensidad en donde las placas tectónicas de la tierra se unen. Nuevamente, estos eventos geológicos deben verse como advertencias de lo que está por venir pero cuando ganen frecuencia y amplitud, las organizaciones de ayuda para desastres estarán sometidas a tanto esfuerzo que van a volverse inefectivas. Las pérdidas humanas en cada evento consecutivo incrementarán y expondrán la ineptitud e inutilidad de los gobiernos. Las personas deben entender que estas tempranas señales de advertencia significan que deben comenzar a pensar en un plan de a dónde ir y de cómo cuidarse a sí mismos si deciden sobrevivir.

Cambios Terrestres que Aceleran la Caída de las Fuerzas Oscuras

Esotéricamente hablando, los cambios terrestres sirven casualmente como las cartas de triunfo de la Jerarquía Espiritual. Los castillos de naipes financieros que las Fuerzas Oscuras han construido (bancos de inversión, compañías de casa de bolsa y cosas por el estilo), en complicidad con los gobiernos nacionales, se encuentran al borde del colapso. Hemos entrado a un período de hiperinflación causada por los gobiernos que han inundado al mundo con papel moneda de curso legal de sus imprentas que no tiene valor intrínseco pero que la gente se apega a él. Nunca en la historia de la humanidad ha habido tanta "liquidez" de dinero sin valor. El mercado de derivados es particularmente vulnerable al más ligero evento cargado de emoción. Los frágiles "carry trades" como el acuerdo yen-dólar entre los Bancos Centrales de Japón y los Estados Unidos, sangran el sistema financiero mundial, transfiriendo gigantescas ganancias a los fondos de las Fuerzas Oscuras por medio de sus bancos de inversión cercanos.

La conspiración gubernamental en estos corruptos acuerdos financieros puede perpetuarse debido a la ignorancia común del hombre acerca de las finanzas. Estos arreglos se vuelven progresivamente frágiles y la crisis más pequeña encenderá el pánico que guiará a un colapso de todo el sistema mundial. La única cosa que las Fuerzas Oscuras no pueden controlar es la catástrofe natural.

Las inundaciones y los terremotos sacudirán las economías y la complacencia de los gobiernos, obligándolos a prestar más atención al rescate de la población que a las actividades financieras corruptas y al tráfico de armas. Éstos se enfrentan con evacuaciones y organización de reubicaciones, reparaciones de fondos, tratar con el desempleo, el pago de beneficios a los afectados, reconstrucción de estructuras e infraestructuras en nuevas áreas y mucho más. Los desastres naturales exponen a los gobiernos como la carga que son en realidad para sus poblaciones y se espera que con esto la gente se dé cuenta de la ineptitud e inutilidad de los gobiernos.

Desde un punto de vista esotérico, los cambios terrestres jugarán un papel principal en la provocación de la caída del régimen de las Fuerzas

Oscuras y en la educación de las poblaciones sobre lo que se espera después del 2012.

Etapa 2: Año 2012-2080: Incremento del Calor Solar, la Aceleración de la Inundación y las Regiones Sobrevivientes

Ya sea a través de la poco probable predicción de los eruditos *Maya* de la ebullición de los océanos o el calor de los "Siete Soles", el calor aumentará durante el periodo que precede el 2012, y desde mediados del invierno de 2012 hacia delante, un influjo más grande de calor solar acelerará el derretimiento de la capa polar y del permahielo. Para que los niveles del mar suban, se necesita solamente mantener las temperaturas por encima del punto de congelación en los dos polos durante los meses de invierno.

Muchos de nosotros viviremos para ver los cambios terrestres que seguirán la intensa entrada de energía del 2012. La mayoría de las áreas costeras estarán permanentemente inundadas y los principales centros urbanos del mundo junto con las áreas costeras serán destruidos. Aproximadamente el 70 por ciento de la población mundial (4500 millones de personas) que vive a lo largo y dentro de los 100 KM de la costa serán afectados, junto con los millones que viven cerca de los ríos interiores y cuerpos de agua, los cuales inundarán áreas interiores bajas, separando los continentes con mares interiores y canales navegables. La mayoría de los países serán reducidos en tamaño o desaparecerán bajo las inundaciones. Esto será el regreso de la era diluviana del Arca de Noé.

El Hemisferio Norte incluye la vasta región sub-polar de permahielo que se extiende a lo largo del continente asiático, la región del atlántico norte y el continente norte americano al Sur del Polo Norte y está contiguo con las áreas más densamente pobladas del mundo. El permahielo en el Hemisferio Sur yace principalmente sobre el relativamente aislado continente antártico del Polo Sur.

Se estima que el permahielo que oscila de los 50 a los 1000 metros de grosor cubre el 20 por ciento de la superficie terrestre.[25] Existe en todas las altitudes desde las tierras bajas hasta altas mesetas y cumbres. La cantidad de agua congelada dentro de esta vasta zona es incalculable, pero cuando se derrita podría inundar la tierra literalmente.

Por esta razón, se estima que el nivel del mar se elevará de 50 a 80 metros (150 a 240 pies) e inundará todas las áreas costeras. Los países de las Maldivas y Bangladesh desaparecerán bajo el agua durante las etapas iniciales de inundación, seguidos por muchas tierras bajas como Bélgica y los Países Bajos.

El derretimiento del permahielo del Hemisferio Norte inundará áreas internas así como también las costas. Por ejemplo, en América del Norte, el derretimiento del permahielo se irá hacia las cuencas de los Grandes Lagos que se extienden desde la Bahía de Hudson hasta los cinco grandes lagos y creará una enorme masa de agua continental que seguirá hasta el océano por medio de los Ríos Mississippi y San Lorenzo. Estos ríos crecerán para convertirse en aguas continentales que dividirán al continente norteamericano en tres partes. Otros ríos y lagos en la parte oeste de Norte América y al sur de la zona del

[25] "Permahielo," Sitio Web del Ministerio de Recursos Naturales, Gobierno de Canadá, 2006

permahielo crecerán causando inundaciones en su trayecto hacia el mar.

En la región norte del Atlántico, los glaciares se derretirán para exponer la prístina tierra que hoy llamamos Groenlandia. Su capa de hielo tiene hasta tres kilómetros de grosor. Se estima que el solo derretimiento de este glaciar añadirá siete metros a los actuales niveles del mar.

En las inmensas tierras de Asia, desde Noruega hasta el oeste de Siberia, el derretimiento del permahielo creará un vasto mar interior cuya frontera irá hasta el Norte del Himalaya, en lo que es Asia Central hoy en día.

En el Hemisferio Sur, se estima que la capa de hielo en la masa continental de la Antártica mide alrededor de 4.2 kilómetros de grosor. Si el oeste de la Antártica continúa derritiéndose, el nivel del mar se elevará seis metros. Si el este de la Antártica se derrite, ¡el nivel del mar se elevará 70 metros extra!

Además, el calentamiento extra en la tierra causará una expansión más rápida de los mares en las regiones tropicales y subtropicales. Y como un balancín, las áreas de tierra también se elevarán de un lado y se hundirán del otro, ya que se ajustan al menor peso de las capas de hielo que se derriten.

Ciudades Principales Permanentemente Inundadas

El 70 por ciento de la población que habita en planicies costeras reside en 11 de las 15 ciudades más grandes del mundo, localizadas en la costa, las bahías y los estuarios. Los principales centros financieros y de comercio – Nueva York, Chicago, Seattle, San Francisco, Shanghái, Tokio, Sídney, Ciudad Saigón-

Ho Chi Minh, Singapur, Calcuta, Dubai, Dublín y Londres, eventualmente serán destruidos por la inundación. Los distritos financieros de Singapur, Mumbai y Hong Kong/Macao están situados en rellenos hechos por el hombre sobre el actual nivel del mar. Bangkok, Ámsterdam, Rótterdam y Nueva Orleáns – y quién de nosotros puede olvidar la vista de esos diques – están casi sobre el actual nivel del mar.[26]

Grandes ciudades portuarias localizadas a lo largo de los principales ríos del Hemisferio Norte tales como el Ródano (Ginebra y Lyon), el Rin (de Basilea a Rótterdam), el Mississippi (St. Paul, St. Louis, Nueva Orleáns), el San Lorenzo (Toronto y Montreal), los Grandes Lagos (Chicago y Detroit), el Yangtzé (Wuhan y Nanjing), Yellow River (Zhengzhou y Jinan), Mekong (Ciudad Ho Chi Minh), Ganges (Dhaka y Calcuta), Indo (Karachi) serán inundadas o arrasadas mientras las estruendosas olas de agua barren desde el permahielo derritiéndose en las alturas. Los principales puertos de comercio construidos sobre áreas delta de estos grandes ríos del mundo tales como Chao Phraya (Bangkok), Irawadi (Yangon) y Níger (Lagos) están condenados. La mayoría de las rutas y centros de transporte – aeropuertos, líneas y estaciones de tren, carreteras, vías fluviales – conectadas a estas ciudades serán inundadas también.

Los terremotos masivos siempre han amenazado a Japón, pero durante este período éstos generarán

[26] El derretimiento de la capa de hielo de Groenlandia elevaría los océanos siete metros, amenazando con sumergir ciudades localizadas al nivel del mar, desde Londres hasta Los Ángeles. Un nivel del mar de un metro (tres pies) sumergiría una cantidad sustancial de Bangladesh y las Maldivas dice Jonathan Gregory, un científico del clima de la Universidad de Reading Inglaterra.

tsunamis que golpearán las costas de toda la Cuenca del Pacífico.

Las plataformas petroleras, bombas y refinerías a lo largo de las áreas costeras alrededor del mundo serán inundadas. Las vastas tierras asiáticas de la industria petrolera rusa estarán sujetas a continuas lluvias pesadas, especialmente mientras el permahielo norte se derrite y comience a llenar las áreas bajas que alguna vez fueron aguas continentales. Cuando los niveles del mar se eleven, la mayoría de las áreas productoras de petróleo del Golfo Pérsico terminarán bajo el mar.

Las emisiones advirtiendo a las personas que evacuen las áreas costeras y que vayan a suelos más altos permanecerán, en su mayoría, sin ser escuchadas. La mayoría de las personas inconscientemente elegirán quedarse y perecer en las inundaciones mientras que sus almas indican su partida del plano terrestre. Una minoría relativamente pequeña logrará llegar a tierras más altas.

Áreas Urbanas Elevadas Sobreviven

A pesar de las masivas pérdidas a lo largo de las regiones costeras y bajas, es probable que muchas regiones rurales y urbanas elevadas sobrevivan a las inundaciones quedando intactas. Se estima que 20 a 30 por ciento de la población mundial actual habita regiones que están a más de 100 metros (300 pies) por encima del nivel del mar. Aunque estimamos que los niveles se eleven otros 50 u 80 metros, los mares continuarán siendo turbulentos, con tormentas atacando las nuevas y elevadas líneas costeras antes de que el nuevo sistema climático se establezca.

Las áreas urbanas localizadas en planicies altas rodeadas por tierra fértil y con un buen abastecimiento de agua subterránea fresca sobrevivirán. Estas planicies deberán ser más altas que los grandes lagos y otros cuerpos de agua.

Los valles montañosos o estrechos barrancos y cañones por donde pasan ríos, en los que puede haber inundación repentina, serán devastados por el permahielo derretido, causando que los ríos crezcan e inunden temporalmente estas áreas. La mayoría de estas regiones de alta elevación pueden encontrarse en las faldas de las principales cadenas montañosas.

A excepción de algunas islas y atolones, la mayoría de los países con áreas costeras tienen regiones de tierras altas y montañosas. Salvo por los terremotos en esas regiones situadas entre placas tectónicas y el éxito de las Fuerzas Oscuras para expandir enfermedades pandémicas, las áreas de más elevación deberían proporcionar seguridad para muchos millones de personas.

Algunos ejemplos de regiones y ciudades de alta elevación son:

América del Norte: Boulder y Denver, Colorado; Salt Lake City, Utah; Calgary y Edmonton, Canadá, las laderas del este de las Montañas Rocosas.

América del Sur: La Paz, Bolivia; Brasil-Goiás en las tierras altas brasileñas; Argentina: Córdoba, Capilla del Monte

Europa: Madrid, España; la región de los Pirineos y los Alpes-Ardennes de Alemania; Suiza, la Planicie de Transilvania en los Montes Cárpatos

Medio Oriente: la Planicie de Irán, Turquía, Armenia

Asia Central: Afganistán, Tayikistán y en los Himalayas.

Subcontinente Indio: Simla, Darjeeling y Dharamsala en las faldas de los Himalayas y Ooty en los Ghats oriental y occidental.

China: Xi'an, Chengdu, Kunming, Lhasa, la planicie Tibetana; la planicie Qinghai-Xizang hacia el este hasta la línea montañosa de Da Hinggan-Taihang-Wushan, compuesta principalmente de planicies y cuencas con una elevación desde los 1,000 a los 2,000 metros.

África: El Chad subsahariano, la República Centroafricana, las Tierras Altas Centrales, Goma, Congo; el Lago Kivu; Kigali, Ruanda; las Tierras Altas de Kenia, Uganda; Buyumbura, Burundi

Australia: la Gran Cordillera Divisoria, el interior remoto (Outback) y el oeste de Australia

Nueva Zelandia: Todas las áreas de las tierras altas

Hay áreas de alta elevación en cada continente en las que la infraestructura básica de las comunicaciones y del transporte permanecerá intacta. Como estas áreas quedarán incomunicadas sin transporte terrestre o marítimo, el transporte aéreo y el teléfono inalámbrico servirán como los únicos enlaces entre las regiones seguras elevadas. Sin embargo, el estado de estas regiones seguras en el tiempo de las principales inundaciones dependerá de cómo hayan sobrevivido a las devastaciones de la profunda depresión económica y a la guerra mundial.

Las Doce Regiones Espirituales

En cada continente en las regiones elevadas, surgirá una Región Espiritual como un refugio seguro para los iniciados y los portadores de luz de la Jerarquía Espiritual para construir una sociedad de transición que servirá como modelo al resto del mundo. Más detalles sobre estas regiones especiales serán discutidos en los siguientes capítulos. Estas Regiones Espirituales son:

América del Norte: (1) el área de Banff-Lago Louise cerca de Calgary, Canadá hasta los Grandes Tetons de Wyoming, Estados Unidos y (2) la Planicie de Colorado

América del Sur: (3) la provincia de Córdoba en Argentina y (4) la provincia Goiás en Brasil

Asia: (5) la planicie de Qinghai-Tíbet y (6) la planicie del Desierto Gobi

Asia del Sur: (7) Darjeeling en los Himalayas

Australia: (8) la región del desierto australiano

Medio Oriente: (9) la planicie de Irán cerca de Yazd, Irán

África: (10) el área del Lago Kivu en las Altas Tierras Centrales y (11) la planicie Agra cerca de Tamanrasset, Argelia

Europa: (12) la planicie de Transilvania en los Montes Cárpatos

Los patrones climáticos en la tierra cambiarán radicalmente en las décadas por venir debido a la gran disponibilidad de agua y harán que semejantes áreas áridas prohibidas como el desierto de Australia, el Sahara y la planicie Gobi sean mucho más habitables. Etiopía, un país muy árido de África, ha estado bajo fuertes inundaciones recientemente. Se espera que un clima muy templado y húmedo se apodere de la tierra, y la precipitación regular se reanudará en regiones áridas que alguna vez fueron fértiles y cultivables.

La Treceava Región Espiritual: la Capital de la Nueva Era Dorada

La Treceava Región Espiritual será designada la Capital de la Nueva Era Dorada alrededor del año 2040. Dos ubicaciones pueden ser consideradas: la Isla Victoria en el tramo norte del Canadá o Groenlandia. Lo que sea revelado después de que los glaciares se hayan derretido y cómo se hayan utilizado estas dos ubicaciones durante la guerra mundial determinará si una de las dos puede cumplir con los requerimientos kármicos de la Jerarquía Espiritual para semejante ubicación sagrada.

La Lluvia Nuclear y las Epidemias

La inundación costera y fluvial afectará inevitablemente las plantas nucleares, puesto que la mayoría están localizadas cerca de los cuerpos de agua. La radiación nuclear de las plantas dañadas por la inundación presenta serios peligros. La posibilidad de que los Gobiernos tomen medidas para desactivar estas instalaciones a instancias de las predicciones esotéricas es altamente improbable, pero el hombre siempre debe aprender por experiencia propia y de sus errores.

Otro efecto de estos cambios terrestres relacionados con el agua serán las pandemias. Algunas enfermedades surgirán por la liberación de contaminación biológica y estancamiento tras la desgracia de la catástrofe. Otras serán inducidas por el hombre, puesto que cuando las Fuerzas Oscuras se den cuenta que ya no pueden hacer su voluntad en ciertas regiones, ellas liberarán pandemias como parte de sus tácticas de arrasar la tierra. Tras la desgracia de semejantes pandemias, estas áreas tendrán que experimentar años de limpieza antes que puedan ser usadas nuevamente para la Nueva Era Dorada.

Etapa 3: Cambios Continentales Más Allá de Nuestras Vidas

Mientras la civilización avanza con dificultad, confinada en las Regiones altas y Espirituales, el resto de la tierra continuará experimentando los cambios que alterarán la superficie de la tierra como la conocemos hoy en día. Es muy probable que muchos de los sobrevivientes que vivan lejos de las Regiones Espirituales estén sujetos a estos profundos cambios a menos que sean capaces de llegar a las Regiones Espirituales y finalmente estar seguros. No es probable que quien esté leyendo este libro hoy en día sea testigo de estos cambios, pero podemos, como información, echar un vistazo a los cambios en el mapa de la superficie mundial en la Nueva Era Dorada.

El Escenario de Miles de Islas

Las energías entrantes proyectadas sobre el planeta a partir del 2012 en adelante causarán cambios aún más profundos en la superficie terrestre, cambios que desafiarán la ciencia y la lógica actuales. Continentes enteros vagarán en la misma dirección de las actuales placas tectónicas, o se hundirán ciertas masas terrestres, como fue el caso de la Atlántida, y algunas masas terrestres sumergidas surgirán de los océanos.

Cuando todo esté establecido, la configuración esperada de la tierra y del mar para la Nueva Era Dorada será de grandes islas hasta del tamaño de Nueva Zelandia o Japón, intercaladas por cuerpos acuáticos más pequeños. Esto contrastará con nuestra configuración geográfica actual de grandes extensiones de océanos y masas terrestres. No existirán los poderes continentales. Un mundo de miles de islas operará como un mundo sin fronteras artificiales. El agua servirá como la delimitación de las comunidades y como el medio primario de comunicación entre las islas, y el transporte marítimo en todas sus formas será desarrollado de nuevo.

El Continente Norteamericano

La costa oeste de Norte América, desde la Península Baja hasta la frontera de Alaska, se desprenderá formando varias islas costeras. Los terremotos causarán que la mitad de Alaska se hunda en el mar. El Valle Central de California, el Desierto de Mojave y áreas bajas a lo largo de la costa se sumergirán bajo el creciente océano y la cadena montañosa de la Sierra Madre constituirá la nueva línea costera del oeste.

El agua hará del continente Norteamericano varios grandes continentes isla. América del Norte se dividirá en tres partes: 1) el área del oeste de Mississippi, 2) el este de Mississippi y el sur del San Lorenzo, y 3) el este de los Grandes Lagos y el norte del San Lorenzo. Cuando el permahielo se derrita, la Bahía de Hudson se extenderá hasta la cuenca de los Grandes Lagos desembocando sobre el Mississippi para formar un canal marítimo hacia el Golfo de México y desbordando el Río San Lorenzo para formar un canal marítimo aún más ancho que se conectará al Atlántico. Toda la mitad oeste hasta las Montañas Rocosas se inundará, y las Rocosas resaltarán por encima de las aguas como un continente isla.

La cadena norte-sur de las Montañas Rocosas será cortada en segmentos por los terremotos y formará varios continentes isla ya que las placas tectónicas del Pacífico y de América del Norte se moverán en direcciones opuestas. Las faldas de la montaña y la planicie en las laderas orientales de las Montañas Rocosas constituirán las Regiones Espirituales para las poblaciones sobrevivientes del continente Norteamericano.

Centro y Sur de América

En América del Sur el agua una vez más separará los Andes de las altas tierras costeras que van desde Brasil (Bahía, Minas Gerais, Paraná, Santa Catarina) hasta Argentina inundando todas las tierras bajas centrales que van desde el valle del Amazonas hasta la parte sur de Argentina. Lo que ahora es América del Sur se convertirá en dos grandes continentes isla.

Toda América Central se hundirá, y la conexión entre el Norte y el Sur de América se cortará.

La Cuenca del Pacífico y Asia

Mientras que tanto el lado oriental como el occidental de la Cuenca del Pacífico son sacudidos por terremotos, los resultantes tsunamis y disturbios oceánicos sumergirán temporalmente la mayoría de las islas del Pacífico, especialmente Hawái. Entonces partes del continente perdido de Lemuria surgirán de en medio del Pacífico.

La mayoría de las áreas costeras bajas serán sumergidas durante la Etapa 2. Después, a través de una serie de movimientos sísmicos, todo lo que permanecerá de la actual China será la alta planicie del desierto Gobi y la planicie Qinghai-Tibetana, las cuales servirán como el punto de refugio para la civilización china. Esta región florecerá nuevamente en la Nueva Era Dorada bajo la raza china original como una de las Regiones Espirituales.

Las islas de Taiwán y las Filipinas se hundirán cuando las masas de tierra submarinas surjan del Pacífico.

Asia del Sureste

La mayoría del Sureste de Asia se inundará severamente. Todas las zonas bajas alrededor del Lago Tonle Sap de Camboya y del Sur de Vietnam – el Mekong Delta – se hundirán con las áreas más elevadas de Laos y del Norte de Vietnam convirtiéndose en una península.

Asia Central

Rusia bajo los 65 grados de latitud se volverá una zona empapada debido al derretimiento del permahielo que se desaguará en un enorme mar continental en donde ahora se localizan las tierras bajas del Oeste Siberiano y la estepa Kirgiz.

Asia del Sur

Las tierras bajas de la India, los valles de los ríos Indo y Ganges se sumergirán durante la etapa 2. Lo que permanecerá son las faldas de la montaña y las estaciones de montaña del Himalaya. Los Ghats Occidentales formarán otro continente-isla. Los Himalayas y los Ghats Occidentales servirán como dos Regiones Espirituales en las cuales la humanidad continuará evolucionando.

Australia y Nueva Zelandia

El lado este de Australia será sumergido mientras que el desierto occidental se volverá habitable. Nueva Zelandia será expulsada hacia el mar para crear un continente-isla más grande.

Nueva Zelandia y el desierto Occidental de Australia servirán como Regiones Espirituales.

Europa

Las islas británicas y la mayoría de Europa occidental, incluyendo las tierras bajas de Alemania, Francia, Italia y España se sumergirán. Mucho de Escandinavia permanecerá intacto aunque sus áreas costeras se hundirán.

Las cuencas de los ríos de Europa Oriental se hundirán. Los Cárpatos surgirán como un continente-isla y como una Región Espiritual.

Las poblaciones de Europa del Norte encontrarán refugio en las tierras altas de Escandinavia mientras que la población de Europa oriental y occidental deberá trasladarse a la cadena montañosa de los Cárpatos.

Un gran continente-isla surgirá del Océano Atlántico Norte entre América del Norte y Europa.

El Medio Oriente

El Golfo Pérsico se volverá un enorme mar cubriendo Arabia Saudita, Kuwait e Irak y extendiéndose desde Egipto hasta las costas occidentales de la India. Al norte, Irán y Turquía se inundarán de modo que el Mar Caspio, el Mar Negro y el este del Mediterráneo formarán un solo cuerpo de agua. Ya no habrá ninguna necesidad del Canal de Suez. Toda la Península Árabe hasta el este del Suez se hundirá.

África

El continente africano de hoy en día se dividirá en cuatro continentes-isla: 1) La región de África del Oeste, los ríos de Senegal y Níger se separarán del norte y se convertirán en una gran isla. 2) Gran parte de África Subsahariana será cubierta con agua cuando los altos niveles marítimos inunden los sistemas de los ríos y las áreas circundantes. El delta interior del Níger en Malí formará un enorme lago. Sin embargo, la árida planicie norte del Sahara permanecerá intacta y formará un nuevo continente-isla en donde alguna vez existió una Era Dorada bajo el mando de Sanctus Germanus. Las fuertes lluvias rejuvenecerán esta región. El mar interno que ahora yace bajo el Sahara surgirá y se unirá con el Mediterráneo en el norte. 3) Lo que hoy en día es el Sur y Sureste de África se despegará del continente principal para convertirse en un continente-isla, y 4) las tierras altas centrales en donde se localizan Kenia, Burundi y Ruanda permanecerán intactas y servirán como una de las Regiones Espirituales durante este largo período de cambio continental. La mayoría de Egipto se hundirá.

Surgimiento de Tierras Prístinas

Cuando el derretimiento polar y del permahielo avance, las vastas tierras prístinas en las partes norte de Canadá y Rusia serán reveladas desde debajo del hielo y usadas para la Nueva Era Dorada. Groenlandia surgirá como un área templada con vírgenes tierras expuestas una vez que sus glaciares se hayan derretido. Estas áreas post-diluvianas, sin embargo, requerirán muchas décadas, si no es que siglos, para secarse y volverse habitables.

Algunas islas, tales como aquellas que están en el Pacífico con volcanes activos, se elevarán más del fondo de los océanos. Éstas se manifestarán como grandes cuerpos de tierra en medio del océano y se volverán continentes-isla. Las actuales islas se convertirán en las futuras tierras altas de estos continentes-isla y sus lluvias caerán por décadas filtrando las áreas salinas. La mayoría de estas áreas permanecerán inhabitadas hasta que se vuelvan a poblar siglos más tarde.

Los sobrevivientes de la Etapa 3 del pralaya estarán dispersos alrededor del mundo en varias Regiones Espirituales. En los siguientes capítulos discutiremos cómo estas áreas introducirán la muy prometida Era Dorada.

* * *

La mayoría de nosotros vivirá para experimentar la Etapa 1 y la Etapa 2. Muchos quizá elijan no continuar después que la Etapa 1 haya finalizado, pero otros serán impulsados por un sentido de propósito y misión para continuar en la Etapa 2. Estos portadores de luz han sido colocados en el plano terrestre durante este tiempo para informar y guiar a la humanidad lo mejor que puedan a través del pralaya. Ahora veremos quiénes son estas personas y qué tareas les esperan en medio de todos los cambios terrestres.

CAPÍTULO 4

El Papel del Portador de Luz

". . . en el momento en que un hombre puede 'ver' en el plano astral, y puede lograr el equilibrio y mantenerse estable en medio de sus fuerzas vibrantes, en ese momento está listo para la iniciación".[27] *Djwal Khul*

En medio del caos del actual pralaya, la Jerarquía Espiritual ha llamado a los mejores y más brillantes para servir como rayos de luz para una humanidad en sufrimiento. Éstos son los portadores de luz auténticos y probados, quienes han pasado miles de vidas haciendo sus largos y arduos viajes a través de las iniciaciones de la Jerarquía Espiritual. En este capítulo identificaremos a estos portadores de luz, discutiremos el papel de liderazgo que jugarán durante este pralaya y la actual dificultad de comprometerse.

¿Quiénes son los Portadores de Luz?

Hace más de cuatrocientos años, los Maestros de la Sabiduría y sus iniciados diseñaron planes para este actual pralaya y para la Era Dorada que seguiría.

---

[27] Bailey, Alice A., op. cit., p. 221

Como este iba a ser un Pralaya Menor de destrucción parcial, la Jerarquía decidió embarcarse en un experimento para dar a la civilización actual otra oportunidad para corregir sus errores, reformar a la sociedad y prepararla para una Era Dorada. Al darse cuenta de que la humanidad necesitaría toda la ayuda que pudiera reunirse, la Jerarquía pidió voluntarios de entre sus iniciados de alto nivel y de otras evoluciones, superiores, para reencarnar en la tierra durante esta época.

La Jerarquía confiaría mucho en los cuatro niveles de iniciados así como también en los discípulos y en aquellos en período de prueba en el Sendero para llevar a cabo el Plan Divino. El Diagrama 9 a continuación muestra la Jerarquía Planetaria o el gobierno interior de nuestro planeta y cómo llega al plano terrestre a través de sus iniciados y discípulos. Desde el Señor del Mundo, Sanat Kumara, hasta el que está en período de prueba en el Sendero, el papel de los iniciados como intermediarios entre el plano terrestre y la Jerarquía Espiritual es esencial.

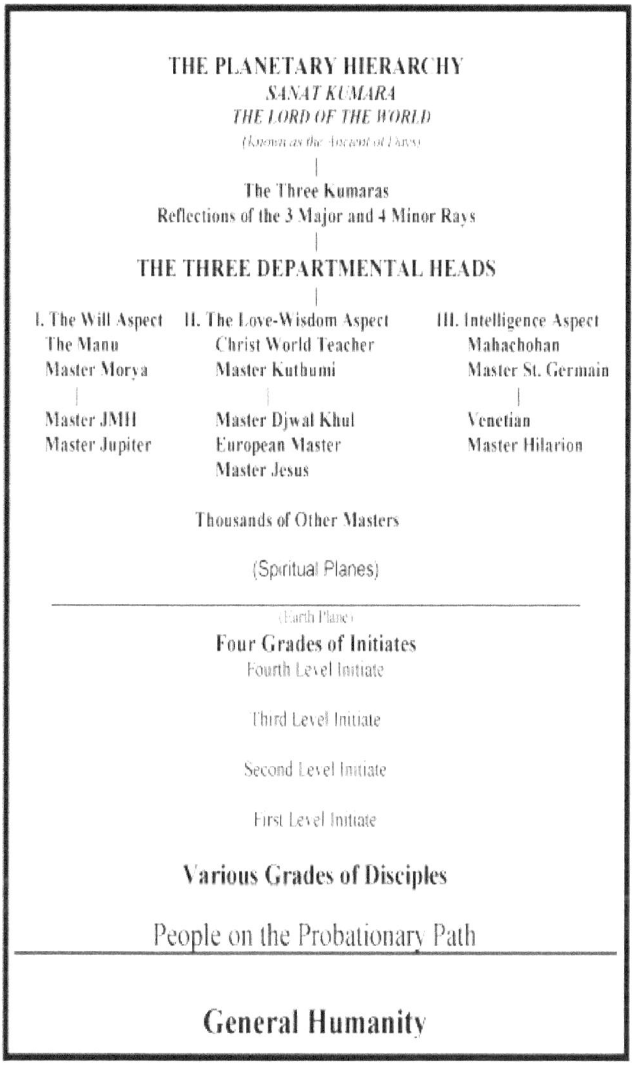

THE PLANETARY HIERARCHY

SANAT KUMARA

THE LORD OF THE WORLD

(Known as the Ancient of Days)

|

The Three Kumaras

Reflections of the 3 Major and 4 Minor Rays

|

THE THREE DEPARTMENTAL HEADS

|

I. The Will Aspect	II. The Love-Wisdom Aspect	III. Intelligence Aspect
The Manu	Christ World Teacher	Mahachohan
Master Morya	Master Kuthumi	Master St. Germain
|	|	|
Master JMH	Master Djwal Khul	Venetian
Master Jupiter	European Master	Master Hilarion
	Master Jesus	

Thousands of Other Masters

(Spiritual Planes)

(Earth Plane)

Four Grades of Initiates

Fourth Level Initiate

Third Level Initiate

Second Level Initiate

First Level Initiate

Various Grades of Disciples

People on the Probationary Path

General Humanity

Diagrama 9: Los cuatro niveles de iniciados en el plano terrestre y su relación con la Jerarquía Espiritual

La Jerarquía Espiritual introdujo el Sendero de la Iniciación a la humanidad hace millones de años para que los humanos pudieran, a través de la evolución espiritual, pasar por los rangos de la Jerarquía. Eventualmente, individuos espiritualmente avanzados que habían atravesado por la escuela terrestre de los duros golpes, evolucionarían hasta el punto en el que alcanzarían la Maestría y ocuparían altos cargos cósmicos en la Jerarquía. De esta manera, el Logos Planetario no tendría que depender de almas avanzadas de otros planetas para llenar los rangos de la Jerarquía terrestre sino que podría recurrir a los iniciados con experiencia terrestre. Este es el caso hoy en día, en donde la mayoría, si no es que todos los iniciados alcanzando la Maestría, y los Maestros de Sabiduría mismos, son productos de la experiencia terrestre. En todo momento, hay miles haciéndose camino hacia el Sendero de la Iniciación.

Así que, del grupo de iniciados desencarnados en el plano espiritual, miles fueron voluntarios para dejar a un lado su búsqueda de iluminación individual para reencarnar durante este período de agitación. Ellos tomaron la decisión por compasión hacia la humanidad y serían conocidos en la tierra como *bodhisattvas o portadores de luz.* Los voluntarios fueron presentados ante el Consejo Kármico, y uno de cada tres fue elegido para encarnar.[28]

Estos voluntarios trabajaron de cerca con equipos de los tres departamentos Jerárquicos, bajo la guía del Maestro Sanctus Germanus, para elaborar planes para este pralaya. Muchos de los que habían sido voluntarios ya habían pasado por la Cuarta Iniciación

[28] Innocenti, Geraldine, *op. cit.*

y ya no necesitaban encarnar en la tierra para avanzar. Algunos ya habían alcanzado la Segunda o Tercera Iniciación. Otros fueron voluntarios para reencarnar varias veces en el período de cuatrocientos años, para aprender las habilidades necesarias para hacerlos más útiles durante este pralaya. En muchos casos, ha tomado de ocho a diez generaciones de encarnaciones para que estas almas se preparen para sus papeles críticos en los años por venir.

Aquellos elegidos eran la élite. Nunca antes en la historia de la humanidad tantas luminarias pasadas han elegido regresar al plano terrestre una última vez para pasar sus vidas aprendiendo y haciéndose maestros en un campo necesario de esfuerzo tales como las finanzas, la política, la banca, la educación, el arte y la música para llevar los aspectos positivos de estos campos a la Nueva Era Dorada. Además de adquirir la experiencia profesional, a veces en áreas dominadas por las Fuerzas Oscuras, todos compartirían una cosa: anhelo por lo espiritual, sin importar cuán difícil o fácil sea la misión.

La Preparación de un Portador de Luz

A lo largo de los muchos siglos anteriores a este pralaya, los portadores de luz han reencarnado cientos, o miles de veces, para aprender lecciones de la escuela terrestre. En las varias vidas ellos conscientemente se separaron de las masas, entraron al Sendero de la Iniciación, y se volvieron servidores de la humanidad. El proceso descrito a continuación resume cómo se volvieron iniciados y eligieron regresar para ayudar a aquellos que dejaron atrás.

La Humanidad en General se extiende desde las masas luchando por satisfacer sus necesidades básicas diarias hasta aquellos de gran riqueza y éxito material. El desarrollo espiritual les importa muy poco. Los candidatos para el proceso de iniciación surgen de las masas. Cualquier alma es bienvenida para embarcarse en el Sendero de Iniciación comenzando primeramente por el Sendero de Probación.

En este punto, la personalidad comienza a tomar consciencia de si misma y a adoptar medidas para corregir sus debilidades. Cada vez que reencarna, se levanta en donde se quedó en la vida anterior hasta que el alma la guíe firmemente en el Sendero de Probación. Un Maestro guía está consciente del esfuerzo del alma y asigna un iniciado o discípulo para que la observe. Después de varias vidas en el Sendero de Probación, se produce una personalidad que logra mantenerse como un discípulo del Maestro y se vuelve consciente de trabajar por los esfuerzos grupales en lugar de los que son para sí. Si el discípulo tiene la suerte de tener dinero a su disposición, éste debería ser usado para el bien del servicio.

Después de varias vidas el alma está lista para entrar al Portal de Iniciación. Se pasa varias vidas en la Primera Iniciación, ya que el alma forcejea por tener al cuerpo físico y sus deseos bajo control. Entonces pasa a la Segunda Iniciación, en donde el alma pone al cuerpo astral bajo control. Después entra a la Tercera Iniciación (Trascendencia) en donde el iniciado aprende a controlar su vehículo mental y manipula la materia del pensamiento.

Tanto la segunda y tercera iniciaciones pueden lograrse en una vida. Finalmente, entra a la Cuarta Iniciación (Crucifixión), en donde el portador de luz es en realidad un adepto que ha dominado el cuerpo físico, el etérico, el astral y el mental e incluso llega a los dos sub-planos inferiores de este vehículo Búdico. Después de la Cuarta Iniciación, ya no se requiere que el alma reencarne en el plano terrestre. Tanto la Tercera como la Cuarta Iniciaciones son conferidas por el mismo Sanat Kumara.[29]

Los Maestros de Sabiduría conocen la historia del alma de todos y cada uno de los portadores de luz; sus recuerdos akáshicos están almacenados en el Salón de los Registros del Shamballa. En consecuencia, teniendo la historia completa del alma a su disposición, la Jerarquía Espiritual es la única que puede conferir la iniciación a los individuos. Hasta hoy, no hay organizaciones humanas en el plano terrestre autorizadas o capacitadas para la iniciación de discípulos en el nombre de la Jerarquía. No obstante, muchas organizaciones de la Nueva Era administran armonizaciones o iniciaciones, prometen una rápida fórmula para la ascensión y aparentan llevar a cabo ceremonias de iniciación Jerárquicas. Éstas están engañando gravemente a muchos portadores de luz bien intencionados quienes tan solo buscan recuperar los planes de su alma. Sin embargo, si los portadores de luz permiten ser engañados, entonces probarán no ser aptos para el verdadero servicio de la Jerarquía.

Los Portadores de Luz de Hoy en Día

Sin importar cuán avanzados puedan estar los iniciados en el momento de su reencarnación, una vez encarnados están sujetos al velo de memoria que

---

[29] Para más información sobre el proceso de iniciación, consultar *La Iniciación Humana y Solar* de Alice A. Bailey, publicado por Lucis Trust, Nueva York.

bloquea todo el conocimiento previo y los planes del alma de la conciencia. Son las reglas del juego de este nivel, por así decirlo, hasta que el portador de luz se da cuenta de su camino y re-descubre el plan que había trazado.

Como parte del Plan Divino, los portadores de luz han regresado a la tierra para cumplir una misión en lugar de alcanzar la santidad. Hacemos esta declaración con un poco de humor, porque para cumplir sus misiones, ellos deben también poseer muchas de las cualidades de la "Santidad". Todos los portadores de luz pasaron sus vidas anteriores en alguna forma de auto-abnegación, sacrificio y pureza al servicio de la humanidad en camino para lograr la integración del alma con la personalidad. Muchos también contribuyeron al ascenso de la humanidad a través de grandes avances científicos y artísticos. Algunos eran hombres cuyas políticas y perseverancia liberaron a sus compañeros humanos de la política y de otras formas de opresión. Algunos trabajaron incansablemente para aliviar el sufrimiento humano y contribuyeron con muchos trabajos positivos por la humanidad con gran sacrificio personal. Desde sus vidas pasadas, sus almas están adaptadas para el servicio de la humanidad.

De vuelta una vez más, muchos portadores de luz sufren grandemente durante la niñez, principalmente porque eligen equilibrar cualquier residuo de karma con anticipación antes de entrar completamente al servicio de la Jerarquía durante el pralaya. Con frecuencia, ellos eligen familias en las que sufren abuso psicológico o físico, puesto que la niñez es como un campamento de entrenamiento para el portador de luz. Ellos con frecuencia no encajan con sus familias y ciertamente algunos ni siquiera se parecen físicamente a sus padres biológicos. Dentro de la familia, son catalogados como diferentes o incluso como la oveja negra.

También pueden sufrir en instituciones educativas normales porque tienden a no conformarse con los ritos habituales de crecimiento. Siendo almas maduras, ya probadas, con frecuencia no ven la necesidad de ser parte de la vaciedad que domina la educación secundaria. Sus compañeros de clase con frecuencia los consideran desadaptados sociales y como resultado sufren de soledad. Sin embargo, es probable que sobresalgan académicamente. Su fuerza interior los sostiene a través del doloroso período de crecimiento, y muchos comienzan a encontrar la fuerza interna y profesional una vez que se independizan de sus familias.

Muchos portadores de luz rechazarán las religiones tradicionales tempranamente porque ellos ya han sobrepasado los límites del dogma en vidas anteriores. Otros optan por trabajar dentro de las religiones tradicionales establecidas como reformadores, rebeldes o innovadores. Sin embargo, muchos eligen permanecer espiritualmente neutrales y sin afiliarse a los movimientos religiosos tradicionales.

Cuando muchos alcanzan el apogeo de sus carreras profesionales, sus anhelos espirituales se vuelven más y más intensos. Algunos dejan sus puestos mientras que otros luchan por mantener el interés en sus trabajos y por responder al mismo tiempo a sus anhelos espirituales internos. Una búsqueda comienza. Ellos comienzan a buscar respuestas en las otras dimensiones, consultando astrólogos, psíquicos y médiums; estudiando libros sobre experiencias cercanas a la muerte; o visitando los muchos sitios Web orientados hacia lo espiritual en Internet. Algunas preguntas son respondidas, pero inevitablemente se quedan con más preguntas que respuestas. En esta confluencia, generalmente es el momento en que el portador de luz comienza la recuperación de su última iniciación.

La Recuperación del Último Nivel de Iniciación[30]

Durante la elaboración de sus planes, los portadores de luz incorporaron un detonante destinado a despertarlos a un profundo sentimiento de que deben lograr algún tipo de misión espiritual. Este despertar debería llevarse a cabo en los años que llevan hacia el 2012. El detonante podría ser una profunda crisis emocional, una creciente insatisfacción con la vida en general o un simple conocimiento siempre perdurable de que las prioridades en la vida de uno tienen que cambiar. En su vida hay algo que simplemente "no va bien" dando la impresión al portador de luz de tropezar contra una pared.

Como este despertar irrita al portador de luz, éste se siente impulsado a ver el lado espiritual de la vida, y ahí comienza un proceso gradual de cambiar totalmente las prioridades en la vida, de buscar dentro de enseñanzas espirituales y reconectarse al alma hasta que la vida espiritual se vuelve más importante que la profesional. Seguir los impulsos de este despertar requiere que el portador de luz restablezca contacto con el Ser Superior y al hacer esto, él o ella se reconecta al Plan Divino.

[30] En el Capítulo 5 resumimos cómo lograr esta recuperación

Generalmente, la recuperación implica una nueva toma de todos los arduos pasos desde el período de prueba hasta el discipulado y después a las iniciaciones mismas. A través de profunda meditación, estudio y servicio, este camino de avance rápido a la iniciación puede lograrse en pocos años en lugar de muchas vidas. El proceso puede ser bastante difícil, ya que demanda una aceleración de las vibraciones del vehículo corporal, tanto que a veces, el cuerpo está demasiado débil para resistir las rápidas transformaciones. No obstante, este proceso se lleva a cabo bajo la supervisión de un Maestro.

Cuando el portador de luz recupera el proceso de iniciación en forma condensada, éste también debe tratar con los malos hábitos y el karma obtenido durante la actual encarnación. La recuperación puede ser tanto vigorizante como estremecedora para la personalidad, así que muchos portadores de luz se quedan en el camino y se dan por vencidos.

Aquellos que exitosamente recuperan su anterior nivel de iniciación quizá tengan que reaprender a cómo servir a la humanidad. El servicio está escrito en el alma del portador de luz, pero las circunstancias de la vida y la personalidad pueden oscurecer su manifestación. Generalmente la experiencia profesional del portador de luz está relacionada a este servicio divino, pero no es sino hasta que la reconexión con el Ser Superior propio haya tenido lugar, que la experiencia del portador de luz puede ser colocada en conjunto en el contexto local y mundial.

Alternativa para la Recuperación

La Jerarquía Espiritual ha usado otros planes para que luminarias pasadas o iniciados avanzados que están ocupados con otros proyectos en las dimensiones espirituales encarnen. Otra alma será voluntaria para encarnar y preparará un vehículo corporal desde el nacimiento hasta un tiempo dado, generalmente una crisis emocional, en cuyo punto la primera alma desalojará el cuerpo y otra, más avanzada, tomará su lugar. Cuando la primera alma desaloja gradualmente, la personalidad experimenta un roce con la muerte o psicológicamente desea morir. Esto es una indicación de reemplazo por transición.

El vehículo corporal retiene toda la educación, crianza y recuerdos del alma previa, y excepto por las sutiles diferencias en personalidad, el alma entrante generalmente no es percibida excepto por aquellos que conocen a la persona íntimamente o por otros que han pasado por la transición. El cuerpo es revigorizado por la nueva energía vital y sigue la misión definida por su nueva alma. Sin embargo, todavía experimentará un período de ajuste físico, el cual puede ser difícil e incómodo.

La Recuperación o Transición Exitosa

Mientras más portadores de luz avanzados recuperen sus niveles de iniciación anteriores y los entrantes se establezcan en sus nuevos vehículos corporales, desbloquearán o se volverán conscientes de habilidades antiguas como Magos Blancos. Cuando estas habilidades surgen a través de la personalidad, son dirigidas hacia el contexto del pralaya y de las agitaciones por venir. Cuando los portadores de luz recuperan su estatus como Magos Blancos, pueden hacer mucho bien durante estos tiempos difíciles.

Teniendo un entendimiento del contexto de los cambios terrestres, ellos son capaces de convertirse en portavoces para la Jerarquía Espiritual, explicando a sus vecinos y amigos las razones de las agitaciones y presentando esta información al público en general, a sus familias, amigos y colegas como alimento para el pensamiento.

Es usual para la mayoría de la humanidad obstaculizar y resistirse a esta información; quizá hasta discutan agresivamente en contra de ella; nuevas ideas que perturben nociones preconcebidas están destinadas a causar incomodidad, siendo la resistencia al cambio uno de nuestros distintivos. Los portadores de luz se verán acusados de ser los proveedores de negatividad y los profetas de la perdición puesto que el público no querrá escuchar nada que afecte el status quo. Al mismo tiempo, los violentos y catastróficos cambios terrestres y la agitación quizá lleguen a la comunidad de los portadores de luz, causando que muchos despierten: eventualmente el portador de luz será capaz de surgir como un líder sensato en medio de la demencia.

A causa del urgente contexto en el que nos encontramos hoy en día, no es raro que los portadores de luz reconectados experimenten una "actualización" en el estatus de iniciación, más comúnmente ganado por atravesar el rápido y con frecuencia doloroso proceso de recuperación.

Una Crisis de Compromiso

Los años 2006 y 2007 coinciden con un severo desmantelamiento de los mercados financieros, lo cual tocará a todos. La Jerarquía Espiritual estima que los portadores de luz, para entonces, deberían haber tomado una decisión acerca de su compromiso a servir. Como se resume anteriormente, tal compromiso implica un proceso de recuperar el nivel de desarrollo espiritual en una vida previa, consolidando ese nivel de iniciación en esta encarnación, cumpliendo con la misión de servicio de esta vida y avanzando al siguiente nivel superior de iniciación. Por ejemplo, si el portador de luz hubiera alcanzado el nivel de la Segunda Iniciación en una vida anterior, él o ella debe recuperar ese nivel y a través de más servicio, posiblemente pueda alcanzar la Tercera o incluso la Cuarta dentro de esta vida.[31]

Durante las horas de sueño, los portadores de luz continúan encontrándose en los niveles superiores del plano astral y trabajan juntos activamente como un grupo de servidores mundiales, preparándose para los eventos que yacen por delante. La contradicción entre la vida nocturna y diurna de los portadores de luz es lo que causa el malestar y los conduce a darse cuenta de su misión, puesto que es en el nivel consciente donde los portadores de luz deben tomar una decisión acerca del servicio a la Jerarquía Espiritual.

Una vez que se resuelva esta contradicción, y las actividades nocturnas y diurnas se armonicen, un sentimiento de paz reinará en su interior.

Las Demandas de la Vida

Durante las horas de conciencia, demasiados portadores de luz potenciales son agobiados por los detalles y los problemas de sus vidas terrestres. Los

---

[31] Los Ascensionistas que prometen cualquier iniciación más allá de la cuarta están mal interpretando el Sendero de la Iniciación y están haciendo una parodia de él.

problemas familiares y las obligaciones; los cónyuges poco compasivos; la facilidad y la comodidad de la vida material o, al contrario, las privaciones causadas por la falta de fondos; el egoísmo básico aprendido en esta encarnación; las ambiciones de poder – todos contribuyen a una gama de excusas que impiden que muchos respondan a las urgencias de sus Seres Superiores.

Al mismo tiempo, las Fuerzas Oscuras en el plano astral han fijado su atención en estas luminarias mientras se abren camino a través del laberinto ciego de sus actuales encarnaciones, engañándolos y despistándolos a lo largo del camino ya que, en muchos casos, algunos han recurrido a las drogas o al alcohol, han elegido situaciones de matrimonio imposibles y se han contagiado de enfermedades tempranamente.

Las tentaciones del poder y de la autoridad también han retrasado a muchos que han entrado al gobierno o a corporaciones. Algunos portadores de luz han tomado sus carreras demasiado en serio y han sido embargados por la *maya* de su profesión o posición en la sociedad. Otros saben profundamente que son portadores de luz pero no pueden dejar ir la vida fácil que han alcanzado. Estos espirituales interesados y de poca monta se dan cuenta que los requerimientos para el compromiso con frecuencia interrumpen sus planes humanos.

Incluso grandes luminarias espirituales han sido apartadas de su propósito por problemas psicológicos. Algunos que han generado grandes consecuencias de su relación gurú-estudiante han sido descarrilados de su camino. Tan oscuros y confusos han sido estos tiempo que muchos portadores de luz han perdido contacto con su misión original. Hay, así, muchos portadores de luz que aún tienen que comprometerse al servicio divino que prometieron cumplir en este punto en el tiempo, incluso si están conscientes de que algo se despierta en su interior.

Considerando que es probable que solamente uno de cada diez portadores de luz encarnados despierte para cumplir una misión, y que la mayoría de ellos solamente apoyarán de la boca para afuera para querer servir, todos los Maestros de Sabiduría están muy conscientes que una vez encarnados, el velo del recuerdo puede cegar la personalidad. El Maestro El Morya describe Su experiencia:

> Desde Nuestra introducción a la 'sociedad', hemos estado sometidos a estas 'invitaciones' que serían risibles si no fuera porque mucho depende de ellas.
>
> Las primeras propuestas tímidas hacia Nosotros de los pioneros espirituales 'más audaces' fueron algo parecido a esto… '¡Yo pregunto! ¿Están ahí? Bueno, si están, por favor manifiéstense… pero mi mundo funciona perfectamente bien. *Por favor no perturben nada…* Sería 'interesante' si se quedan un rato y *¡me cuentan todo sobre mí!'*
>
> Ahora, en principio, Nosotros no podemos siquiera pensar en una persona sin perturbar el ritmo de sus mundos, y mucho menos cruzar el umbral hacia la real asociación con ellos; así que la puerta se cierra antes de que Nosotros podamos siquiera reconocer la invitación, ¡si pueden llamarla así!

En las raras ocasiones en las que se Nos permitió contestar y entrar al mundo del portador de luz, por supuesto *las cosas comenzaron a suceder.* La batería viviente de Nuestras energías, sin importar cómo han mutado, energiza todo lo que toca. Así cuando Entramos en la conciencia, la re-colocación del mundo del estudiante comienza. Es tan incómodo como siempre lo son todas las mudanzas, las renovaciones y las mejoras para el ser, el cual disfruta el estancamiento. Después – ¡la REACCIÓN! ¡La decepción en los Invitados, y generalmente 'el desalojo a la fuerza' y entonces se cierra la 'dulce asociación' entre el hombre y sus Maestros![32]

Así, mientras la crisis en el mundo aumenta, una crisis de compromiso dentro de los rangos de los portadores de luz se avecina.

Problemas de Meditación

La meditación es la mejor manera de lograr el contacto con la propia alma. Muchos se interesan en la meditación pero no pueden concentrarse o perseverar lo suficiente para lograr notables progresos. Muchos portadores de luz luchan con los métodos más simples, incapaces de concentrarse o visualizar ya que la mente arremolina los problemas de la vida y los conflictos. La inquietud domina, las agitaciones emocionales momentáneas interrumpen, y pronto cualquier práctica de meditación regular abre el camino a las otras demandas de la vida.

---

[32] Printz, Thomas, *El Primer Rayo*, Puente a la Libertad, AMTF, pp. 24-25

El Maestro Djwal Khul nos informa que una buena educación entrena a la mente para concentrarse. El científico, el político, el doctor, el abogado, la persona de negocios – aquellos en cualquier campo de esfuerzo que requiere concentración – tendrían más éxito en la meditación en lugar de la mente no entrenada.

La concentración y la visualización surgen de la disciplina y sólo del trabajo duro y de la fuerza de voluntad. No hay atajos. El control de las andanzas de la mente es la única tarea de su propietario. Lograr el control mental es lo que separa al portador de luz útil del espiritual amateur o aficionado.

Aislamiento y Miedo

Los portadores de luz están esparcidos en la tierra, participando en todos los sectores de la sociedad humana en todos los países y culturas. No es probable que estén reunidos en grandes concentraciones en un área en particular. Como no hay iglesia u organización formal en la cual puedan buscar compañía, su despertar puede exacerbar el sentido del miedo y el aislamiento que ellos, a diferencia del nacimiento, quizá hayan sentido a lo largo de esta encarnación. No obstante, ellos deben aprender a valerse por sí mismos y en relativo aislamiento hasta el día en que se unan a otros portadores de luz. Como rayos de la luz de la Jerarquía en sus respectivas áreas geográficas, ellos deben aprender a ser fuertes, trabajadores independientes para la Jerarquía Espiritual, con frecuencia sin remuneración monetaria.[33]

---

[33] A petición del Maestro Sanctus Germanus, el sitio Web www.sanctusgermanus.net fue creado para servir como un punto de reunión para los portadores de luz de todo el mundo. Uno de

Contrarrestando las Influencias Astrales

Lo más dañino para la estrategia del portador de luz de la Jerarquía ha sido la contra estrategia de las Fuerzas Oscuras, designada para bloquear el despertar del portador de luz. Las Fuerzas Oscuras utilizan el plano astral para crear voces que pasan como las de los Maestros (¡e incluso la de Dios!) para engañar a los portadores de luz. Muchos de ellos han despertado solamente para ser atraídos a seguir las voces de las entidades astrales inspiradas en las Fuerzas Oscuras entrando en su conciencia, o en la de los demás, en lugar de las de sus propias almas. Estas voces astrales, tan sutiles a veces que se parecen a los pensamientos propios, han encaminado a muchos portadores de luz hacia el seguimiento de tentadoras teorías, como por ejemplo, de la ascensión rápida y de las activaciones del ADN para lograr la iluminación en lugar de seguir lo esencial del entendimiento de su misión dentro del Plan Divino. Algunos de los portadores de luz más avanzados de la Jerarquía han caído presas de estas influencias Oscuras, y una vez que están bajo el régimen Oscuro, con mucha frecuencia son paralizados mentalmente o se vuelven inefectivos para el futuro trabajo con la verdadera Jerarquía Espiritual.

Una multitud de Maestros y sus iniciados en el plano espiritual trabajan incansablemente para mantener el contacto mental con portadores de luz para guiarlos y recordarles lo que ellos prometieron hacer. No obstante muchos portadores de luz ignoran estos impulsos, convenciéndose a sí mismos que otras voces astrales, las cuales les dicen lo que quieren

---

sus propósitos es informar al portador de luz geográficamente aislado que no está solo o sola y que se está formando una extensa red de portadores de luz.

escuchar y que les hacen sentir bien, son sus legítimos guías.

Pero a pesar de la crítica situación con los portadores de luz, la Jerarquía Espiritual no hará concesiones en cuanto a la calidad del compromiso de un portador de luz.

El Compromiso Requerido

La Jerarquía Espiritual mantiene la esperanza de que la mayoría de los portadores de luz cumplirán con la misión prometida. Si no lo hacen, entonces la carga caerá en los comprometidos.

En primer lugar, el portador de luz debe ganar una visión clara de su papel como está grabado en el alma. Sólo la meditación profunda y una intención sincera pueden hacer que este papel venga a la mente consciente. Aquellos que esperan que se les diga que hacer esperarán por siempre.

En segundo lugar, el instinto por la supervivencia física en reacción a los cambios terrestres no será suficiente como compromiso.

El compromiso a medias, resultante del miedo, no será suficiente para la Jerarquía Espiritual.

En tercer lugar, el compromiso no es un empleo alternativo para los portadores de luz o sus cónyuges. Y, no, ¡la Jerarquía Espiritual no prometerá a los portadores de luz un salario por llevar a cabo su misión! El compromiso sincero viene sin condiciones. La mayoría encontrará que, una vez comprometidos, la remuneración llega naturalmente.

En cuarto lugar, el servicio debe ser desinteresado y beneficiar a aquellos que estén fuera de la familia inmediata del portador de luz.

En quinto lugar, como se da a entender arriba, un compromiso al servicio viene con el proceso de recuperación. Nosotros enfatizamos que este proceso ya está en marcha: los Maestros de Sabiduría están trabajando tiempo completo con los portadores de luz de todo el mundo, haciéndolo a través de las principales religiones del mundo, de sus deidades regionales y locales, de la auto realización no afiliada, de los grupos de meditación y de cosas por el estilo para impulsar a los portadores de luz a la acción.

En sexto lugar, una vez comprometidos, los portadores de luz deben trabajar diligentemente para elevar las vibraciones de sus vehículos corporales para que puedan hacer frente a los desafíos futuros. La purificación del vehículo es muy importante.

En séptimo lugar, las consideraciones anteriores guían al portador de luz a la práctica de la Magia Blanca, definida aquí como los actos divinos que benefician a la humanidad. Cuando los portadores de luz nuevamente comienzan a practicar la Magia Blanca, están firmemente en el camino de acuerdo con el Plan Divino.

Las Consecuencias de la Crisis del Compromiso

Si los portadores de luz son lentos para despertar o para comprometerse a su misión, entonces el sufrimiento asociado con las tres crisis – la depresión económica, la guerra mundial y los cambios terrestres – no conocerá límites. El período crítico del 2006 al 2012 determinará si la humanidad se retorcerá por el sufrimiento o si acabará, tan rápidamente como sea posible, con el régimen de la Fuerza Oscura que ha controlado a la humanidad desde tiempos inmemoriales. Ya sea que el Ejército de los Portadores de luz despierte o no, el colapso del sistema financiero dominado por la Fuerza Oscura y el sufrimiento que esto ocasionará en la humanidad continuarán. Cuando las Fuerzas Oscuras se aprovechen de este sufrimiento y utilicen las masas de los desempleados para sus objetivos barbáricos y militares, más sufrimiento humano sobrevendrá.

Sin los esfuerzos de tiempo completo de los portadores de luz para traer luz a semejante miseria, el sufrimiento mundial no acabará nunca. Los portadores de luz, adecuadamente preparados como Magos Blancos, pueden encabezar acciones de compasión en cada comunidad para aliviar el sufrimiento humano. Ellos no pueden detener la marcha del pralaya, pero pueden llevar cada suceso a una rápida conclusión y acortar el período del sufrimiento humano. Este es el gran regalo que los portadores de luz pueden traer a la humanidad durante el período previo al 2012.

Sobre todo, su más importante contribución yace después de este período de confusión humana, puesto que en sus manos descansa la formación de una sociedad en transición durante el Período de Reconstrucción que formará el curso de las décadas de la Nueva Era Dorada de ahora en adelante.

La Estructura del Liderazgo Interno Detrás de los Portadores de Luz

Como los portadores de luz están dispersos a lo largo del mundo, su fuerza como grupo parece sin estructura y desorganizada. Sin embargo, ninguna organización humana tiene la capacidad de identificar y unir a miles, quizá millones, de dispersos portadores de luz. En cambio, detrás de esta desconectada estructura terrestre, está una estructura espiritual sólida, la cual es una parte integral de la Jerarquía Espiritual que está guiando a cada portador de luz a jugar su papel en todo el plan. La cabeza de esta estructura es el Maestro Sanctus Germanus, mejor conocido como Saint Germain, el Jerarca de la Nueva Era Dorada. Miles de Maestros, la mayoría de los cuales son desconocidos por la humanidad, trabajan en este proyecto. Estos Maestros están detrás de cada portador de luz, y desde su posición estratégica, ellos son capaces de estimar la verdadera motivación y el compromiso de cada uno.

Cuando las varias crisis lleguen a un punto crítico en los años venideros y los gobiernos, instituciones y organizaciones humanas comiencen a desmoronarse, la estructura comenzará a manifestarse. Los Maestros y sus iniciados actualmente están atrayendo a sus portadores de luz encarnados a esta estructura, para que en el futuro cercano, haya una fluida estructura jerárquica extendiéndose desde el plano terrestre hacia las dimensiones espirituales de arriba.

Como Es Arriba Es Abajo

Los portadores de luz son, así, el enlace esencial entre el mundo espiritual y el físico, y cuando vuelvan a trazar su Camino, ellos eventualmente recuperarán su habilidad para moverse fácilmente entre las dimensiones y mantener claras comunicaciones con la Jerarquía Espiritual. El enlace espiritual ocurrirá en cada campo de realización. Con la ayuda de sus contrapartes en el mundo espiritual, un portador de luz químico, por ejemplo, puede concebir una fórmula de gran avance, un portador de luz periodista llegará con nuevos entendimientos para exponer el trabajo de las Fuerzas Oscuras, y un portador de luz banquero quizá llegue a ver las conspiraciones financieras dentro de la industria y proponer reformas.

Cuando los portadores de luz se unen en servicio grupal, un grupo contraparte en el plano espiritual es formado para ayudar en todo el esfuerzo. O uno podría decir que el grupo terrestre se une porque hay un grupo contraparte en el plano espiritual. El grupo contraparte generalmente está constituido de antiguos colegas y expertos en un campo dado. Así de esta manera, una fuerte, pero no vista estructura respalda las actividades de los portadores de luz, siempre y cuando se embarquen en la misión de servicio que prometieron emprender. Este acuerdo también ayuda a mantener la actividad bajo la supervisión del ámbito del Plan Divino, puesto que si el grupo humano se aparta de su misión, los miembros sentirán una insatisfacción interna hasta que hagan el esfuerzo por realinearse.

Muchos portadores de luz serán guiados para encaminarse hacia las Regiones Espirituales mucho antes de que las catástrofes sean más perjudiciales. Con ellos irán los modelos de gobierno y estructuras de organización social conocidas por sus contrapartes en el plano etérico. Estas contrapartes etéricas trabajan con los principios cósmicos superiores sobre los cuales se construirá una nueva sociedad de transición; la combinación de los grupos de portadores de luz a "nivel de la tierra firme" y de sus contrapartes etéricas trabajando juntos en las Regiones Espirituales dará a la humanidad una segunda oportunidad de enderezar el curso de la evolución humana.

La Formación de un Consejo Mundial de Adeptos

La Jerarquía Espiritual envía a sus avatares y Maestros hacia el plano terrestre para guiar y aconsejar a la humanidad durante períodos de confusión. Los Maestros de Sabiduría, en general, trabajan telepáticamente a través de sus portadores de luz encarnados en el plano terrestre. No obstante, de vez en cuando, ellos usarán cuerpos astrales o etéricos para hacer una aparición visible en la tierra. Otros trabajan más constantemente y en secreto en el plano terrestre en todos los continentes. Por ejemplo, algunos Maestros son conocidos por asistir a importantes encuentros políticos y económicos disfrazados como participantes. Se sabe que contactan a desanimados portadores de luz "en persona" para alentarlos. Se sabe también que utilizan el cuerpo de los portadores de luz y hablan a través de ellos.

En los años por venir, un Consejo de Adeptos se formará en silencio en el plano terrestre. Este consejo estará compuesto de adeptos de la Jerarquía Espiritual quienes ocupan puestos clave en todos los campos de realización. No está claro en este punto si los Maestros también serán miembros de este Consejo. Por obvias razones, este Consejo permanecerá entre bastidores y operará en secreto hasta que cambien las condiciones en la tierra.

Cuando el Consejo se una, constituirá la luz guía para el mundo de los portadores de luz. En cada área segura, los miembros del Consejo de Adeptos organizarán una estructura basada en los principios cósmicos que servirán y organizarán a los portadores de luz por venir. Su primera tarea principal es establecer una organización que pueda recibir a personas desplazadas queriendo llegar a las Regiones Espirituales desde las áreas de desastre.

El Papel de Liderazgo del Portador de Luz Comprometido

Concentrémonos ahora en aquellos portadores de luz que se han comprometido con el trabajo de la Jerarquía Espiritual.

El portador de luz verdaderamente comprometido ha asumido trabajar en un campo minado. Durante el período previo al 2012, la principal tarea del portador de luz es aliviar el sufrimiento humano causado por la depresión económica, la guerra y los iniciales cambios terrestres. Trabajando en contra de grandes probabilidades, el portador de luz debe recuperar su habilidad como Mago Blanco para contrarrestar los efectos negativos de las Fuerzas Oscuras que se van. La humanidad está en un punto actualmente en el que solamente el sufrimiento puede abrirle los ojos y el portador de luz debe estar listo y disponible para ayudar, no como una persona común y corriente sino como un Mago Blanco.

El servicio en medio de las principales crisis pondrá a prueba al portador de luz, y sin la determinación apropiada, algunos quizá decidan abandonar su misión. Aquellos que *eligen* continuar el viaje de su vida hacia la Nueva Era Dorada deben comenzar a hacer los ajustes necesarios desde ahora. Hacemos énfasis en que vivir a través de las agitaciones de las siguientes décadas requiere una decisión consciente de servir. Los portadores de luz, que sientan que sus actuales compromisos en la vida son más importantes y decidan no cambiar sus vidas, continuarán viviendo lo más lejos posible de los peligros sin cumplir su compromiso. Solamente los Señores del Karma pueden decidir cómo esta falta de acción será reequilibrada. No hay bien ni mal en esta elección.

La Jerarquía Espiritual no hace concesiones sobre la calidad del compromiso del portador de luz, pues ¿acaso no fue el portador de luz quien se ofreció para la tarea? ¿No fue el portador de luz quien definió su papel y contribución de acuerdo al Plan Divino?

Lo que el futuro nos depara no es para débiles de mente y amateurs espirituales. En el fondo debe ser un compromiso total para llevar a cabo la misión, sin importar cuán difícil o poco importante pueda ser. Un claro conocimiento de la misión del alma, nacido de la meditación proporcionará al portador de luz la resistencia y la fortaleza que necesita para seguir el camino a las Regiones Espirituales, para tratar con los enormes desplazamientos de la población y eventualmente para participar en la reconstrucción de una sociedad de transición que servirá como modelo para la Nueva Era Dorada.

Oportunidades para la Cooperación entre Portadores de Luz

En el capítulo anterior brevemente discutimos cómo las Grandes Inundaciones sumergirán las áreas bajas y costeras del mundo. Muchas de las principales ciudades del mundo a lo largo de las costas serán destruidas causando una mortalidad más allá de lo que podamos imaginar. Al mismo tiempo, centros urbanos de mayor elevación y las regiones alrededor de éstos permanecerán intactos.

Hay una gran cantidad de acciones cooperativas que pueden ser emprendidas, siguiendo la secuencia de las tres crisis citadas anteriormente: la depresión económica, la guerra venidera, y la eventual evacuación de la población causada por las Grandes Inundaciones. Conociendo esta secuencia, los portadores de luz pueden planear bien antes de que cada una de estas crisis golpee.

Magia Blanca: La Base de TODAS las Soluciones[34]

Al enfrentarse con condiciones agobiantes, ¿qué pueden hacer los portadores de luz? Antes que nada, cada portador de luz debe recuperar completo control sobre su mente para que controle el pensamiento en lugar que el pensamiento controle la mente. En el capítulo 5 están nuestras sugerencias para recuperar el dominio sobre la mente.

En segundo lugar, a diferencia de las organizaciones de caridad o ayuda ofreciendo auxilio, los portadores de luz pueden ofrecer soluciones espiritualmente inspiradas pero prácticas a los problemas que ellos enfrentan. Ellos pueden sanar el sufrimiento como Magos Blancos, tanto como lo hizo el Maestro Jesús. Las personas necesitadas buscarán al portador de luz para que realice servicios tales como la curación espiritual telepática,[35] la cual puede aplicarse a cualquier situación inconfortable, ya sea

---

[34] Una lectura altamente recomendada es *Un Tratado sobre Magia Blanca,* por Alice A. Bailey

[35] La Fundación Sanctus Germanus está entrenando un núcleo de sanadores telepáticos quienes enseñarán a otros trabajadores de la luz a practicar la curación telepática.

desde la necesidad de alimento hasta la curación de enfermedades. Una firme curación telepática puede ayudar tanto a los individuos como a los grupos en épocas de necesidad.

Al inicio, los portadores de luz obrando como Magos Blancos deben ser muy discretos al ayudar a las personas, puesto que la mayoría no entenderá la Magia Blanca. Los guías espirituales y los Maestros dirigirán a las personas necesitadas hacia los portadores de luz, o los portadores de luz serán colocados en situaciones en las que la única solución puede ser la meditación en silencio y la invocación de la Magia Blanca. Muchos "milagros" ocurrirán de las acciones de los portadores de luz. Por sus trabajos, atraerán otras personas con propensión hacia la espiritualidad, para consuelo y alivio. Las crisis, en otras palabras, presentan enormes oportunidades de servicio y compasión.

La Cooperación entre las Tierras Altas y Bajas

Los portadores de luz ubicados en áreas que muy probablemente serán inundadas deberían seguir los avisos de sus guías espirituales para informar a sus comunidades y comenzar a planear el mudarse a altitudes superiores. Aquellos que ya están ubicados en los centros de elevación superior han sido colocados ahí para prepararse para la afluencia de poblaciones de tierras bajas desplazadas. Una cooperación natural entre los portadores de luz de tierras altas y de tierras bajas existirá, entonces, para enfrentar esta crisis eventual. Los portadores de luz en las áreas tanto seguras como en peligro en una región en particular deberían comenzar a trabajar juntos para planear cómo arreglárselas con las crisis por venir.

Depresión Económica: Oportunidades para los Portadores de Luz

Un papel clave para los portadores de luz durante este período será el de ayudar a aliviar el sufrimiento causado por una depresión económica mundial. Millones quedarán desempleados, los billetes perderán su valor, las familias serán forzadas a irse a las calles y mucha gente se verá obligada a mendigar en las calles. Al caminar por las calles y al ver tal miseria, los portadores de luz serán requeridos para realizar curación mental y espiritual no sólo de la situación en general sino de los individuos.

Señales de Tensión Económica Local

Se espera que la depresión económica mundial toque fondo a finales del 2007. Desde ese momento, no habrá recuperación en los años por venir, y el mundo en general regresará a una vida básica. Al principio las señales no serán tan aparentes, pero al pasar de los años, la tensión se volverá más patente.

Los portadores de luz no deberían confiar en los medios de comunicación y en los gobiernos para confirmar esta situación ya que éstos la negarán. En cambio, los portadores de luz deberían buscar en sus comunidades inmediatas las siguientes señales:

- Mayor desempleo de lo usual
- Letreros de "En venta" en frente de las casas ya que los bienes raíces mundialmente colapsan
- Bancarrota de tiendas y negocios en las principales vías públicas comerciales, establecimientos vacíos y cerrados.

- Fallas en bancos locales y pánico bancario
- Creciente número de familias recurriendo a asistencia social
- Más personas ordinarias mendigando en las calles
- Un número mayor de familias sin hogar llenando organizaciones benéficas.
- Más y más personas recurriendo al intercambio de servicios en lugar del pago en efectivo.
- Resurrección de los comedores de beneficencia al estilo de la depresión.
- Incremento en el crimen
- Tácticas más severas de la policía local
- Militarización de la población: más personas uniformadas

En los niveles nacional e internacional, el dólar americano, la moneda de reserva del mundo, declinará y continuará bajando en valor casi hasta cero. El Euro parecerá más fuerte por un corto período, pero también declinará cuando decaiga la confianza en cualquier papel moneda de curso legal. El precio del oro en el mundo fácilmente superará los $1000 dólares por onza y continuará ascendiendo sin limitaciones.

Todas estas señales significan una situación híper-inflacionaria que vaciará cada billetera y bolsillo. Las personas se verán forzadas a pagar los bienes y servicios con plata u oro o cargar con carretillas de dinero sin valor para satisfacer sus necesidades diarias. Esta situación ya ha pasado en muchos países – Argentina, el Congo, Guinea, Vietnam, Albania y Rusia son recientes ejemplos de cómo la pobreza repentina puede volverse una realidad.

La depresión económica trae muchas oportunidades para la cooperación entre los portadores de luz de tierras altas y bajas. Esto resultará en un desplazamiento inicial de personas cuando sean despojadas de sus pertenencias materiales y hogares y busquen empleo. Más y más bancarrotas personales forzarán a las personas a mudarse de áreas urbanas al campo. Este temprano cambio "económico" de las poblaciones debería llevarse a cabo preferentemente de las tierras bajas a las altas.

Los portadores de luz deberían usar cualquier medio que tengan a su disposición para incitar a las personas a mudarse a lugares más elevados. Como ellos son capaces de ver en el futuro, deberían informar a la población en general de lo que probablemente va a suceder. Ellos pueden hablar con las agencias de ayuda y organizaciones de caridad en sus áreas para que adopten políticas. La información es poderosa, pero aún depende del individuo el tomar esta información en serio y actuar en consecuencia.

Los portadores de luz que ya están ubicados en zonas de más elevación pueden preparar a las autoridades locales para la afluencia de los desplazados. El potencial de conflicto entre las poblaciones que lleguen y los residentes de las áreas elevadas es grande, y los portadores de luz pueden jugar un papel en la recepción de sus hermanos y hermanas en estas áreas. Esta puede ser una situación delicada que requiera mucha diplomacia, ya que la primera reacción de tales comunidades será impedirle la entrada a los recién llegados. Cuanto más preparados estén para esta eventualidad, mejor.

Los desplazados necesitarán alimento, refugio, ropa y agua fresca. Muchas de las organizaciones existentes de ayuda en desastres ya han adoptado procedimientos para auxiliar a los residentes locales al enfrentarse con el desastre, ¿pero están preparadas para los movimientos de población en masa y para el caos social que le sigue? Ellas no podrán pedir ayuda a los paralizados gobiernos nacionales. La magnitud de semejantes desplazamientos de población agobiará a las autoridades, así que los portadores de luz deben tomar un papel de líderes en la organización de grupos para manejar esto. Más vale prevenir que lamentar.

Los esfuerzos cooperativos entre los portadores de luz así como también de los grupos existentes podrían incluir lo siguiente:

- Organizar jardines en tierras disponibles para proveer alimento
- Utilizar edificios abandonados en las áreas elevadas para dar hogar a las personas desplazadas
- Identificar fuentes de agua fresca
- Juntar ropa usada para usar en el futuro
- Ubicar y obtener acceso a las arenas, salones de reunión, salas recreativas, gimnasios escolares, etc., para hospedar a los que no tengan hogar y a los itinerantes
- Ubicar las cafeterías en todos los edificios que puedan ser usados como comedores comunitarios, etc.
- Hablar con las iglesias para hospedar a los desamparados

Mientras el cambio en la situación económica de la población continúe, los portadores de luz de las áreas bajas deberán considerar seriamente el mudarse a zonas más elevadas en vista de las inundaciones. Si las primeras inundaciones suceden en donde estén ubicados los portadores de luz, esto servirá como una señal concreta de que se requiere una mudanza a tierras elevadas. Los portadores de luz deben llegar a esta decisión por sí mismos y reunir los recursos para realizar la mudanza. No habrá nadie que les diga que hacer y no habrá comité de bienvenida para ellos al llegar a tierras elevadas. Deben tomar la dura decisión de desarraigar sus vidas y realizar la mudanza por su propia iniciativa, basados en la orientación de sus guías espirituales. Esto quizá signifique dejar sus hogares y desprenderse de todas las posesiones que no les serán de ayuda en esta fase de su misión. Esto requiere un gran salto de fe y presciencia.

Todos los portadores de luz necesitarán un plan firme y definido de dónde ir antes del impacto del desastre. Deberán investigar posibles destinos cerca de las Regiones Espirituales. Como muchos otros que ya están ubicados en esas áreas, los portadores de luz deberán mudarse o hacer planes definidos para mudarse – cuanto antes, mejor.

Esfuerzos Cooperativos durante la Guerra: Tiempo para Mudarse

Cuando la guerra mundial estalle y el reclutamiento sea restablecido en los Estados Unidos y otros países, será tiempo para que los portadores de luz de mudarse a las Regiones Espirituales elegidas. No debería haber dudas en este punto de que la secuencia de las profecías resumidas en el Volumen 1 de *Las Profecías de Sanctus Germanus* dadas por la Jerarquía Espiritual está llevándose a cabo. Todas las semillas han sido sembradas para la Tercera Guerra Mundial.

El Consejo de Adeptos comenzará a surgir y a guiar a los portadores de luz en las nacientes Regiones Espirituales. Planificando de antemano, ellos organizarán la recepción de los desplazados. La marcha de los eventos no se detendrá para el reacio Portador de Luz. Aquellos que lo sepan trabajarán persistentemente y consecuentemente recibirán un apoyo superior de la Jerarquía Espiritual. Ellos aliviarán el sufrimiento lo mejor que puedan y de esta manera más sobrevivientes se unirán a sus filas cuando los sucesos se desarrollen.

Para el 2010, los guías espirituales provocarán que muchos portadores de luz se muden a una de las Regiones Espirituales. Los portadores de luz se filtrarán en estas áreas por su propia voluntad y se reagruparán tanto en las ciudades como en áreas rurales de estas regiones. Cuando más cambios terrestres dominen las noticias, ellos estarán tranquilos por haber hecho el movimiento correcto.

Cuanto más pronto se lleve a cabo esta trasmigración (es decir, del 2007 en adelante), mejor. En muchas partes del mundo, por ejemplo América del Norte y del Sur, Europa y el sub-continente Indio este movimiento de portadores de luz ya ha comenzado. Pequeñas comunidades se han establecido en las áreas montañosas de América del Norte y del Sur. En las faldas del Himalaya, está ubicada una sustancial infraestructura budista y ciertos lamas están intensamente conscientes de los cambios terrestres por venir. Su sistema de ayuda mutua es bien conocido.

El Trabajo de los Portadores de Luz en Tiempo de Guerra

La guerra pone a la humanidad en contra de sí misma. Toda guerra es guerra civil, hermanos y hermanas contra ellos mismos. La guerra tiene su raíz en la codicia y el egoísmo, no en la ideología o la religión. No hay bandos buenos o malos. Ambos bandos en la guerra son las herramientas de las Fuerzas Oscuras, enfrentándose unos contra otros para que las Fuerzas Oscuras puedan satisfacer su avaricia por el dinero. Así que cada batalla es esencialmente una de la Luz contra la Oscuridad.

La guerra es la mayor manifestación de la tempestuosa batalla que acontece en cada uno de nosotros en el plano astral. Las Fuerzas Oscuras pueden manipular millones de conflictos internos en las naciones bélicas. Esto es fácilmente hecho a través de la propaganda enviada por los medios de comunicación para martillar este punto de vista en las mentes de las personas y agitar sus emociones.

Una sociedad mundial sufriendo en medio de una depresión económica hace un excelente forraje para los belicistas. La Segunda Guerra Mundial surgió de las cenizas de la depresión de 1929. Los gobiernos fallarán en mitigar el caos social que resulte de la depresión, y la milicia, bajo el control directo de las Fuerzas Oscuras, dominará para mantener la ley y el orden. Esto es la institucionalización de la represión, ya que la militarización de la población civil será presentada como la única solución al caos económico; podemos ver que esto está sucediendo actualmente. Millones de hombres y mujeres serán movilizados en la milicia para conducir la guerra.

Las Fuerzas Oscuras están completamente conscientes de que esta es la última batalla con las Fuerzas de la Luz. Sabiendo que la derrota es inevitable, las Fuerzas Oscuras recurrirán a las medidas más drásticas y espectaculares para sembrar miedo y aterrorizar a la humanidad. Éstas incluyen el uso de armas nucleares. Esta vez no habrá restricciones, y por esta razón, muchas almas elegirán dejar la tierra voluntariamente en lugar de vivir bajo la lluvia nuclear, la represión militar y la guerra. Los recuerdos de la represión militar como fue vista en la era Estalinista después de la Segunda Guerra Mundial todavía permanecen frescos. Esta vez, podría ser peor.

Los portadores de luz no pueden prevenir esta guerra, ya que la movilización para ésta comenzó al menos hace una década y continúa. No obstante, la luz que ellos proyecten sobre la guerra la conducirá a un fin más rápido. La humanidad debe experimentar este equilibrio kármico, puesto que ¿acaso no es ella la responsable de permitir el surgimiento y el poder de las Fuerzas Oscuras? ¿No aceptó sus tentaciones de una vida materialista y se permitió a si misma ser adormecida en estupor? El equilibrio kármico en relación con las Fuerzas Oscuras es un proceso del que la humanidad no puede escapar.

La guerra hace salir lo peor de la humanidad. Los portadores de luz pueden hacer salir lo mejor. Los horrores de la guerra irónicamente conducen a la humanidad de regreso a su esencia, a su alma, la cual permanece por encima de la lucha y siempre en un estado de pureza. Ninguna persona racional puede resistir el llamado del alma para volver hacia el interior cuando se enfrenta con la matanza de la guerra. Incluso el individuo más duro se caerá sobre sus rodillas cuando se enfrente o se vea amenazado por tales atrocidades.

La próxima guerra mundial presenta una oportunidad de oro para que el portador de luz pase a primera plana y demuestre lo opuesto de la guerra. La Jerarquía Espiritual trabaja a través de sus Fuerzas de la Luz en el plano terrestre, y cuando los portadores de luz unen sus manos para atraer la Verdad y la Luz sobre el *maya* de la guerra, pueden acortar la duración del sufrimiento humano y hacer fracasar los esfuerzos de las Fuerzas Oscuras.

Los portadores de luz pueden usar todos los medios para educar al público acerca de la guerra – quiénes son las verdaderas partes en conflicto y cuál es en realidad la causa de la guerra, es decir la codicia. Quizá ellos elijan activamente resistir a participar en la guerra. Muchos portadores de luz entre 18 y 42 años podrían ser reclutados en la milicia en contra de su voluntad. Ellos pueden usar métodos legales tales como una concienzuda objeción, para realizar servicio alternativo o para resguardarse del reclutamiento. Nada puede justificar esta guerra, ya que es la pura invención de las Fuerzas Oscuras. No se dejen engañar por el patriotismo o nacionalismo, el cual es usado para desorientar a las personas e incitarlas a la agresión.

Estas acciones crean la invocación apropiada para la exteriorización de la Jerarquía. Los portadores de luz, quienes han respondido al llamado de sus almas y se han puesto en acción, trabajarán con la Jerarquía Espiritual para contrarrestar los efectos de la guerra. Aquellos que no quieran hacer la guerra pueden llamar a la Jerarquía Espiritual para que les proporcionen su vía de escape.

Más fuerzas interdimensionales han sido llamadas para reforzar el aislado esfuerzo terrestre, dando más que nunca significado a la exteriorización de la Jerarquía. Con los canales necesarios abiertos al poder y a la luz de la Jerarquía, la luz puede brillar sobre cada batalla y hacer que el reino de terror de las Fuerzas Oscuras quede nulo y sin efecto. La ley cósmica dicta que la Magia Blanca siempre le gana a la negra, y cuantas más fuerzas de Magia Blanca se unan en todas las dimensiones, más grande es la fuerza del bien y más corto el reino de terror de las Fuerzas Oscuras.

Tempranas Advertencias de los Cambios Terrestres por Venir

Cuando la depresión económica y la guerra mundial controlen el mundo, abundarán señales de los cambios terrestres. El calentamiento global causará que los mares y otros cuerpos acuíferos crezcan mientras que tormentas periódicas, inundaciones repentinas, fuertes lluvias prolongadas, huracanes y tormentas inesperadas incrementan su firme avance en todas las áreas. Los gobiernos diseminarán información climática contradictoria para convencer a las víctimas de inundación que la culpa es de ciclos climáticos menores anormales. Los portadores de luz deberían interpretar estas señales como una razón convincente para mudarse a áreas cercanas a las Regiones Espirituales antes de los desplazamientos masivos. Muchos se verán forzados a mudarse, pero muchos tontamente regresarán a las áreas inundadas para reconstruir.

La población en general de las áreas de tierras bajas se negará a la necesidad de mudarse y esperará hasta que sea demasiado tarde. Todo lo que los portadores de luz pueden hacer es informar. Como suele ser el caso, la mayoría esperará hasta el último minuto, y esto resultará en una afluencia masiva y sin coordinación hacia las regiones elevadas.

Conclusión

El tiempo está pasando, y con cada año que pase, los cambios terrestres incrementarán en frecuencia e intensidad. Como parte de la estrategia de la Jerarquía Espiritual, los portadores de luz van a jugar el mismo papel que Noé con su arca en el diluvio anterior, aunque no en semejante forma folclórica. Ellos son los conservadores del conocimiento y de la civilización humana, lo cual traerán a la sociedad de transición post-diluviana que modelará la Era Dorada. Aún hay esperanza de que las Fuerzas de la Luz en la tierra despierten a su misión y se pongan en acción en las cantidades que fueron previstas en el Plan Divino.

CAPÍTULO 5

Logrando el Dominio sobre los Eventos

"Sabio es aquel que toma el cetro en su mano, y anda por el Camino por sí mismo, con los ojos abiertos, el corazón sintonizado con la voz del Espíritu y mantiene su propia vigilancia, no persiste en la falsa seguridad del logro de otro, sino que como un compañero de viaje, lo bendice, pero hace que el fruto de sus experiencias dependa de sus esfuerzos... puesto que así se obtiene la victoria".[36]
El Morya

En el prefacio de este libro el Maestro Sanctus Germanus deja claro que el quedarse en la tierra durante el pralaya es cuestión de elección. Si ustedes no enfrentan esta situación aquí en la tierra, eventualmente lo harán en cualquier otro lado. Y desde una perspectiva eterna, en realidad no hay prisa. Si desean conocer más acerca de lo que conlleva el compromiso, por favor continúen leyendo. De otro modo, pueden omitir este capítulo y continuar con el siguiente.

Cuando la Jerarquía Espiritual elaboró los planes para este período, ustedes estaban entre las almas más entusiastas elegidas por el Consejo Kármico de las

[36] Printz, Thomas, *op.cit.* p.51.

miles o quizá millones que se ofrecieron. Sin embargo, una vez que estuvieron en el denso *maya* del plano terrestre, su entusiasmo decayó, y las metas de su encarnación se nublaron.

Para algunos, los beneficios materiales de la civilización actual los han eludido, forzándoles a luchar por las necesidades de la vida diaria y en el proceso, apartándolos del camino. Muchos albergan una culpa subconscientemente y un desprecio por el dinero, lo cual las Fuerzas Oscuras han fomentado a través de las religiones tradicionales y del movimiento de la Nueva Era. Como una consecuencia, la energía del dinero los ha eludido, perpetuando un estado de necesidad y un resentimiento actual con la sociedad o con Dios por hacer las cosas tan difíciles. Para otros, la posición y el dinero los han llevado a estilos de vida cómodos y "exitosos" que anulan cualquier profundo compromiso hacia la búsqueda espiritual. Los aficionados espirituales se reúnen en cruceros, en escondites y spas tropicales, siguen a sus gurús de un lugar a otro o van a retiros en las montañas para tomar parte en los programas para "sentirse bien" generados por movimientos pseudo-espirituales. Ambos extremos han creado ramas diferentes de egocentrismo que han bloqueado la implementación del Plan Divino.

Además, las Fuerzas Oscuras han elegido como blanco a los portadores de luz y han engañado a muchos de ellos para que entren a una especie de pseudo espiritualidad que alaba la acción grupal de boca para afuera, mientras que al mismo tiempo la personalidad engendrada usa ese resultado para fragmentar los esfuerzos grupales. Todos los grupos espirituales son elegidos como blancos para impedirles su avance.

Hoy en día, muchos portadores de luz como ustedes "sienten" que algo anda mal, pero la mayoría preferiría dejar de lado las señales de alarma, como las tormentas y guerras, considerándolas como si fueran un ciclo de poca importancia. En lugar de arriesgarse a demasiados trastornos en sus vidas, la mayoría preferiría permanecer ignorantes o negarse a reconocer que los principales cambios están por ocurrir. Así que la formación de las "tropas" para esta batalla final ha sido menos que satisfactoria ya que falla el compromiso del portador de luz para resistir o pelear contra la ofensiva de las Fuerzas Oscuras. Las cantidades de Fuerzas de la Luz que la Jerarquía Espiritual esperaba no se han materializado y si esta situación persiste, se prolongará el sufrimiento que la humanidad debe soportar.

Recientemente, la Jerarquía Espiritual reconoció que su estrategia para construir un Ejército de Portadores de Luz en la tierra quizá esté en peligro. Pero la esperanza es lo último que se pierde. De todos esos voluntarios que encarnaron, la Jerarquía Espiritual de manera realista estimó que contarían con uno de diez (1:10) que cumplirían su misión. Sin embargo, ya sea que la cantidad de portadores de luz comprometidos sea aún más pequeña que un décimo o no, el trabajo y la preparación continuarán. Los cambios económicos, financieros y geológicos están programados y no esperarán a que las personas se decidan.

A pesar de esta situación aparentemente desafortunada, un núcleo de portadores de luz resistentes ha surgido del *maya*, quienes, con cuerpos mental y astral equilibrados, han dejado de lado la búsqueda de "sentirse bien" y se han comprometido seriamente para con el Plan Divino. Ellos saben que los segundos fugaces del "sentirse bien" llegan solamente cuando se deshacen de una traba emocional o física que les permite avanzar en el espinoso Sendero de la Iniciación para cumplir su misión. Cada momento de "sentirse bien" está precedido por largos períodos de lucha, tanto física como emocional.

Éstos pocos pero audaces portadores de luz, soportarán la carga cuando los eventos se desarrollen y recibirán el completo respaldo de la Jerarquía Espiritual y del Maestro Sanctus Germanus. Así que aunque la agitación en el plano astral crezca más y las Fuerzas Oscuras elijan como blanco a la "décima parte", ellas encontrarán tropas aguerridas cubiertas con armaduras místicas.

La gran esperanza sigue siendo que las catástrofes despertarán a los portadores de luz reacios e indecisos a su verdadero propósito. La puerta siempre permanece abierta. Pero si tú estás en esa décima parte en encarnación, te espera mucho trabajo de preparación en relativamente poco tiempo antes de las amenazantes catástrofes.

La Recuperación de Tu Nivel Espiritual Anterior

Mencionamos anteriormente que ustedes se ofrecieron para encarnar aunque la mayoría de ustedes habían alcanzado un alto nivel de desarrollo espiritual que los llevó fuera de la rueda de las encarnaciones. Ustedes, así, entendieron y aceptaron el hecho de que, al regresar a esta vida, construirían más karma bueno y malo. La mayoría de ustedes eligió liberarse de su karma residual inicialmente en esta vida para que la segunda mitad de su vida pudiera ser usada para las buenas obras asociadas con su despertar.

Ganando Confianza Espiritual

Cuando te embarques en tu viaje de recuperación, el Camino no será tan sencillo como esperas. A veces experimentarás euforia en el descubrimiento de una verdad espiritual, no obstante habrá veces en las que sentirás que estás topándote con una pared de piedra, sin progresar en lo absoluto. Quizá también encuentres falsos profetas o psíquicos y médiums incompetentes que pueden engañarte. Quizá te unas a grupos espirituales que pueden estar muy cargados de conflicto y desacuerdos y eso puede llevarte a preguntarte si el espíritu es realmente el amor.

El lenguaje críptico en algunas literaturas ocultistas quizá te intimide o incluso te desanime completamente cuando leas páginas y páginas antes de tener una idea. O quizá descubras que el alimento espiritual más fácil repartido por muchos maestros espirituales te hace sentir bien por el momento pero te defrauda a largo plazo. En desesperación, quizá te tires a los pies de un gurú o mentor solamente para darte cuenta que él o ella no merece tu atención.

El embarcarse en una "carrera" espiritual necesariamente cambiará tu vida radicalmente. Tus viejos amigos y familia quizá se alejen de ti, y puede que te veas rodeado por un círculo de amigos totalmente nuevo, algunos confundidos y raros, otros comprensivos y compasivos. Quizá viajes grandes distancias en busca de la verdad, solamente para regresar con las manos vacías.

Todas estas altas y bajas tal vez causen que pierdas confianza en tu habilidad para comprender el lado espiritual de la vida. Esto es perfectamente normal. Sin embargo, se te aconseja persistir, puesto que estás pasando por numerosas pruebas – la carrera de obstáculos inicial – que te ayudará a transformarte en un portador de luz de probada calidad. Algunos nunca recuperarán su confianza y se darán por vencidos. Aquellos que sigan y persistan en su búsqueda eventualmente encontrarán las respuestas, y esa es la **PROMESA** de todo este proceso. Ciertamente hay un tesoro al final del arco iris. Así que la clave para este viaje es la *persistencia.*

Buscando Respuestas en el Interior

Aunque los Maestros de la Jerarquía Espiritual permanecen listos para verter su ayuda y guía sobre los portadores de luz comprometidos, también requieren que primero busquen respuestas en su interior. Tu Ser Superior, Cuerpo Causal o el YO SOY conoce tu plan y se comunica libremente con los Maestros sin la engañosa interferencia de entidades astrales. Por lo tanto, la reconexión con tu prelado interno, tu Ser Superior, es esencial para unirte al Ejército de la Luz.

Hoy en día, somos bombardeados con información falsa proveniente de los medios de comunicación así como también del plano astral, pretendiendo ser nuestros propios pensamientos. No puedes contar con tu gobierno o con cualquier otra organización exterior para que te guíe o ayude cuando el desastre impacte. El hecho de que los gobiernos nacionales, las organizaciones benéficas e incluso las agencias de ayuda en desastres no estén conscientes o le resten importancia a los cambios venideros debería indicar que todo el mundo está muy mal preparado, a pesar de la multitud de advertencias que los Maestros de la Jerarquía Espiritual han comunicado a la humanidad. Añadido a esta falta de preparación en general está el constante flujo de información contradictoria entrando en sus procesos de pensamiento desde entidades astrales.

No obstante, en lo profundo de cada uno de nosotros, en nuestro ser interno, el YO SOY, podemos tener acceso a toda la información correcta acerca de lo que está por venir así como también ser parte de una vasta estructura organizacional espiritual que ESTÁ preparada para guiarnos a lo seguro para que podamos seguir nuestra misión durante este período crítico. Tú, solo, debes confiar en ti mismo porque el acceso a esta estructura espiritual se hace a través de tu mundo interno.

1. Dominar el Método de Meditación por Respiración

La Jerarquía Espiritual recomienda fuertemente que los portadores de luz adopten el Método de la Meditación por Respiración para reconectarse con sus Seres Superiores. Este método está basado en los preceptos originales del Raja Yoga y usa el control y el enfoque de la respiración para llevar a tu ser consciente hacia tu mundo interior y así contactar con tu Ser Superior.

Hay muchas formas para meditar. Algunas son válidas y otras no. Las meditaciones guiadas están limitadas en lo que pueden hacer por la responsabilidad individual, incluso si la intención es buena. Meditar es, antes que nada, **tu** responsabilidad, y cuando esta responsabilidad es encontrada y dominada, el siguiente paso es la meditación grupal, no al revés. Un grupo de personas en el que cada una ha dominado su habilidad para meditar puede volverse una poderosa fuerza para la luz. Sin embargo, un grupo en el que se ceda ante un líder puede equivaler a manipulación mental.

El Método de Meditación por Respiración sugerido a continuación pone en ti la completa responsabilidad de la meditación, como debería ser. Depende del control de tu respiración y de tu habilidad para concentrarte y dirigir tu pensamiento. Eres, en última instancia, tú el responsable de la meditación y su resultado. Pero la mejor recompensa que viene de la meditación es la peregrinación que haces hacia tu Ser Superior, ese prelado que reside en tu interior. Y cuanto más practiques este método, más te alineas a tu Ser Superior y a la información que éste busca transmitirte.

Este método es tan simple que es difícil. Habrá veces en las que sentirás como si no llegarás a ningún lado, pero no te des por vencido. Controla tus pensamientos, concéntrate y sigue buscando.

Método de Meditación por Respiración para un Profundo Crecimiento Espiritual

La meditación, cuando es entendida apropiadamente, es aquietar el cuerpo físico, generalmente en una posición en la que la espina está erguida y derecha, estando sentado, no acostado.

Deberás definir un lugar de meditación que sea bastante cómodo en cuanto a temperatura y en el que no puedas ser molestado por otros. Alrededor deberá cultivarse un ambiente o atmósfera espiritual si es posible.

Cuando te sientes a meditar, debes sentir que estás a punto de tener una conversación con tu Dios, tu Ser Superior, y nada más. Debes acercarte a la meditación como te acercas a un altar de invocación – con humildad, sobrecogimiento, respeto, gran amor y gratitud.

Con la actitud, enfoque y lugar apropiados, sugerimos el siguiente procedimiento de meditación:

1. Siéntate en una postura cómoda con tu espina recta y erguida. Puedes sentarte en la tradicional posición de meditación de yoga o sentarte derecho en una silla cómoda.

2. Invoca a la Llama Violeta de Protección

3. Comienza a respirar profundamente y honra tu respiración para inhalar y exhalar. Y con cada respiro, date cuenta que estás inhalando vida y luz puras.

4. Mientras respiras profundamente, enfoca inicialmente tu atención en el área de la cabeza, en particular la parte superior de la cabeza. Vuélvete consciente de tu propia aura.

5. Luego vuélvete consciente y enfócate en toda la longitud de tu espina dorsal, mientras permaneces consciente del ritmo de tu respiración. Inhala, exhala.

6. Ahora, suelta la atención de la respiración y déjala que continúe por sí misma a su propio ritmo.

7. Enfoca toda tu atención en toda la longitud de la columna vertebral y mantén tu atención ahí. Visualiza la longitud de la espina como un tubo de luz blanca pura.

8. Ve el tubo de luz como una entrada que está ligeramente entreabierta. Del otro lado de la puerta hay mucha luz. La entrada, la columna vertebral iluminada, ahora es una encantadora puerta dimensional hacia tu espacio interno.

9. Comienzas a tener el deseo de entrar, porque en efecto es un portal. Es una apertura dimensional en el cuerpo físico. Trata de entrar en ella. Tienes la voluntad de entrar, y entrar, y entrar. Debes tener la voluntad de entrar, no muy diferente a remar en una canoa río arriba contra la corriente y no muy diferente a los salmones que persistentemente siguen nadando río arriba contra la corriente que permanece haciéndolos retroceder. Pero ellos no se rinden. Utiliza tu voluntad para ir dentro, dentro, dentro.

10. Cuando medites de esta manera, llegarás a algún punto, un lugar de referencia, por así decirlo. Sabrás cuál es por la pura experiencia. Si crees que no puedes ir más adentro, debes seguir intentando hasta que no puedas más. Al llegar a este punto, detente y simplemente disfruta de los alrededores internos.

11. Trata de estar consciente de la atmósfera interna mientras la respiración continúa entrando y saliendo a su propio ritmo constante.

12. Trata de conocerte a ti mismo tal como eres, más allá de los pensamientos, sentimientos, sensaciones y ciertamente los cuerpos físicos. Cada sesión será una nueva aventura.

13. Trata de conocer esa parte de ti que nunca ha cambiado y que nunca cambiará, la parte de ti que es eterna. Trata de sentir tu propia eternidad.

Esto puede parecer como un enfoque muy superficial y básico de la meditación pero te aseguramos que si se sigue apropiadamente, te llevará a avances internos del tipo que la mayoría de las personas tanto quiere experimentar pero ignoran como hacerlo.

2. Reconéctate con Tu Maestro

Si todavía no estás consciente del Maestro bajo el cual estás trabajando, puedes usar el Método de la Meditación por Respiración para obtener esta información. La meditación te pondrá en contacto con tu Ser Superior a quien puedes pedirle que te lleve al Maestro a cargo de tu despertar. Ten la seguridad de que, sin embargo, una vez estés listo para restablecer el contacto, tu Maestro de una forma u otra hará ese contacto claro para ti.

Al principio las respuestas llegan a tu mente consciente en la forma de fuertes intuiciones, no voces. Si escuchas voces, quizá estés oyendo entidades astrales poco confiables que están tratando de colarse en la comunicación. En este caso, esfuérzate más en tu meditación. Esta es la forma más segura de obtener la información correcta, puesto que durante estos tiempos de extrema agitación del plano astral, hordas de entidades astrales estarían encantadas de volverse tus "maestras" y sacarte del camino. Muchas voces alegando ser Maestros intervendrán. Ellas hablarán en el lenguaje de la espiritualidad y te llevarán sutilmente por el mal camino.

Estudia la Sabiduría Antigua como ha sido presentada a los occidentales en los pasados 150 años. La riqueza de escritos de la Sociedad Teosófica, los Discursos del YO SOY por Sanctus Germanus, las instrucciones prolíficas por el Maestro Djwal Khul a través de su amanuense Alice A. Bailey, los discursos del Puente a la Libertad de la Hermandad a través de Geraldine Innocenti, los primeros trabajos del movimiento Summit Lighthouse (Faro de Cumbre) y finalmente el sitio Web de la Fundación Sanctus Germanus (www.sanctusgermanus.net), representan el sendero de información de la Sabiduría Antigua que la Jerarquía Espiritual meticulosamente ha diseñado para tu estudio.

Este conjunto de trabajos representa un enorme recurso de información espiritual que la Jerarquía Espiritual ha publicado para los portadores de luz para que éstos recuperen su habilidad de discernir entre lo que es real y lo que no. El lenguaje y la profundidad de este cuerpo de conocimiento te ayudará a distinguir entre las voces falsas del plano astral y las formas de pensamiento que tu Maestro te transmite.

Incluso si se te recuerda solamente una fracción de la Sabiduría Antigua revelada, sabrás lo suficiente para rechazar las influencias astrales y discriminar entre tus verdaderas intuiciones y las voces habladoras ofreciendo consejos de todo tipo.[37] Estas entidades son, en su mayor parte, caparazones astrales sin ninguna inteligencia inherente y que hablan como marionetas, así que muy rápidamente puedes tener más conocimiento que ellas para distinguir lo bueno de lo malo.

En realidad, ser capaz de discriminar entre las voces no es diferente de las interacciones humanas normales en la tierra. Ejercita la misma discriminación mientras caminas en un atestado mercado lleno de vendedores ambulantes ofreciendo sus productos. Identificarás una rápida charlatanería de ventas de la verdad, mientras que otros caerán en ella. Al final, tú debes decidir a quién escucharás, y si estás confundido por la cacofonía de las voces astrales, busca refugio en la Meditación por Respiración y sumérgete en el mundo interno. Ahí, tu Ser Superior siempre te dirá la verdad.

3. Período de Prueba: Sigue la Guía de Tu Maestro

Después de haberte reconectado con tu Maestro, entonces experimentarás todavía otro período de prueba, puesto que la Jerarquía Espiritual sabe muy bien que hay obstáculos en todo el Camino que pueden hacer tropezar al iniciado más avanzado.

Cuando pasaste por primera vez el camino de prueba hace muchas vidas, debe haberle tomado a tu alma varias encarnaciones para graduarse. Esta vez,

[37] Algunos de sus consejos son útiles al principio para así ganar tu confianza, pero inevitablemente te guiarán fuera del camino a su propia agenda, la cual puede ser muy oscura.

sin embargo, inconscientemente volverás a pasar el camino de prueba, pero en tiempo rápido, quizá en meses o un par de años. Es por esto que llamamos a este proceso una recuperación. Se te hará *recordar* en lugar de enseñársete de nuevo.

Durante el período de prueba el Maestro quiere ver si el deseo de servir es un resultado de una crisis de vida momentánea o si es motivado por un genuino deseo de servir del alma. Si te das por vencido durante este período, entonces serás puesto bajo el cuidado de tus guías espirituales quienes trabajarán más contigo para recuperar tu motivación del alma para el servicio, si así lo deseas.

Si buscas, llegarás a estar bajo el escrutinio y cuidado especial de tu Maestro. Has pedido ayuda y debes entonces someterte a una disciplina más estricta. Aprendes a dominar el poder sobre toda sustancia, vibración y forma. Aceptas limpiar todo vicio latente y a fortalecer la virtud latente. A partir de ahí, todas tus actividades se reflejan en el Maestro, y el deseo del Maestro se convierte en tu "deseo de corazón". Debes emplear tus talentos y capacidades en este servicio.

El Maestro constantemente te pondrá a prueba haciéndote pasar por experiencias que desarrollarán y harán madurar el vehículo corporal hasta que éste domine un grado superior de control de energía, no solamente en el plano terrestre, sino en los otros planos internos también. El Maestro puede tener acceso a tus cuerpos internos para reforzar las debilidades para una mayor protección de esa parte del vehículo corporal séptuple que está destinada a recibir los golpes más duros. El Maestro se concentrará en ese cuerpo interno el cual usarás más para llevar a cabo tu misión. El objetivo es desarrollar y madurar el vehículo corporal para la misión que viene, aunque pueda parecer doloroso y difícil para ti a veces. ¡Es mejor que el Maestro teja la armadura mística sobre tu talón de Aquiles que dejarlo vulnerable a la arremetida del mal!

El período de prueba puede durar meses o años y depende de la cantidad de karma que hayas acumulado o pagado en esta vida y de la cantidad de disciplina que estés deseoso de aceptar. Algunos se retiran bajo la presión de las constantes pruebas, mientras que otros soportarán y seguirán hasta el final.

El Maestro entonces comenzará a confiarte información espiritual. El cómo elijas usar esta información requiere discernimiento espiritual y discreción sobre cuándo hablar y qué no revelar a los "ojos profanos". Esta es la disciplina que debes desarrollar. Existen experiencias que pueden ser mostradas fácilmente a unos cuantos elegidos y existen muchas experiencias hermosas y agradables que pueden ser relatadas para inspirar a otros. Sin embargo, debes estar en vigilancia permanente contra indiscreciones nacidas del entusiasmo, el amor y el afán.

4. El Portador de Luz Reconocido: Trabajo en Conjunto con el Maestro

Una vez que pruebes ser confiable y capaz de manejar información y conocimiento con discreción, serás aceptado como un portador de luz oficial. Tú y tu Maestro se vuelven uno en conciencia.

El Maestro con frecuencia te pedirá dar un servicio para conservar su energía, ya que la mayoría de los Maestros están involucrados en múltiples proyectos. El Maestro te delegará tareas a ti y a otros pupilos dignos de confianza, de acuerdo a sus particulares talentos, con el fin de fomentar una causa determinada.

En esta etapa, el Maestro puede ofrecerte sugerencias de cómo apresurar tu recuperación mientras que al mismo tiempo se vuelve de gran ayuda para el trabajo a realizar. El Maestro quizá te comunique este mensaje directamente o a través de un iniciado avanzado. Éste último se vuelve la "cuerda de rescate" entre el Maestro y otros posibles estudiantes que no pueden comunicarse directamente con el Maestro.

Cuando pasas ciertas pruebas, te conviertes en el portador de luz "aceptado" que continuará avanzando para recuperar su nivel de Iniciación. De ahí en adelante, sirves como Adepto, y finalmente obtienes la completa maestría.

En conclusión, la reconexión con tu Maestro es de primera importancia para conocer tu papel y lugar en el Plan Divino que se desarrollará durante este pralaya. Cuando la relación de trabajo esté establecida, tanto el propósito del Ser Superior como la guía del Maestro operan mutuamente en conjunto y armonía. Ésta es la asociación ideal que te permite llevar a cabo tu misión con éxito.

5. Aprender la Discriminación

Una vez que tus percepciones se abran a las otras dimensiones, serás objeto de mucho parloteo del plano astral. Voces haciéndose pasar por tu Maestro halagarán tu ego y tratarán de ganar tu confianza. Aquí hay un fragmento del consejo que ofrece el Maestro Kuthumi:

> Cada corriente de vida en el Sendero, tarde o temprano, llega a cierto punto en el que comienza a orientarse hacia la "tranquila pequeña parte" dentro del corazón. Al principio el individuo comienza a confiar en la intuición, después en la inspiración, y, aún más tarde, en ese contacto consciente que precede el dominio de la auto-conciencia, el logro de lo que constituye su libertad divina de todos los conceptos humanos y de toda forma humana.
>
> Este es el punto más difícil en el camino espiritual y les pido que cuando vayan al lugar en donde entren al corazón del silencio – en el que estén en comunión con su Dios individualizado, sean extremadamente sabios, estén alertas y sean cuidadosos de la respuesta que recibirán *primero que nada de sus propios cuerpos,* puesto que son un complejo mecanismo – un ser séptuplo. Ahora, mientras que la gloria de su cuerpo electrónico, de su Cuerpo Causal y de su Sagrado Cristo mismo nunca puede llevarlos por el mal camino – *sus cuerpos inferiores tienen voz, conciencia e inteligencia propia* – y estas voces, esta conciencia y esta inteligencia dentro de ellos con frecuencia intentan *servir a sus fines egoístas a través de ustedes.*
>
> Uno de los principales requerimientos para el dominio espiritual es la *discriminación.* Pídanme, si así lo desean, o a mi querido Lord Maitreya, o al

gran Lord Buda por esa discriminación que les permitirá reconocer la *Voz del Silencio.*

Sepan siempre que la incitación que fortifica la personalidad, esa que da engrandecimiento al Ego humano, no es la "pequeña vocecita" de la Presencia, sino que son las resonancias etéricas de sus propias experiencias pasadas, los deseos emocionales de su mundo sensible, o conceptos mentales y preceptos de sus vidas pasadas.

Recuerden si en el pasado se han sentado ante muchos maestros que les han transmitido tanto verdades como falacias, y que dentro de sus cuerpos mental y emocional han construido esos conceptos, algunos de ellos solidificados y petrificados e inactivos dentro de esos cuerpos por siglos, cuando la flama comienza a surgir a través de ustedes, estos conceptos son revivificados y surgen, y ustedes deben reconocerlos por lo que son -- **¡no necesariamente la Voz de la Verdad!**

Cuando progresen en el entendimiento de la voz del silencio, sepan que lo que los hace más humildes, lo que los hace más afectuosos, lo que los hace más puros, lo que los hace armoniosos, es de Dios. Los sentimientos que se despiertan dentro de su corazón que desean hacer de esta estrella un planeta de luz, para aliviar la carga de su prójimo, para llevar a aquellos que están en el dolor y angustia al entendimiento y armonía – eso es de Luz. Eso que *reduce* la personalidad e incrementa el poder de Cristo -- ¡eso es de Dios![38]

---

[38] Canalización Puente a la Libertad a través de Geraldine Innocenti

Uno de los grandes peligros de tratar a entidades astrales como si ellas fueran Maestros divinos es que si le permites a una entrar en confianza contigo, virtualmente abres la puerta a TODAS ellas. El motivo de esto es porque la entidad que se hace pasar por un Maestro no puede protegerte de las demás con las mismas vibraciones. En otras palabras, esa entidad no tiene vibraciones superiores a las otras de la misma clase. Así que incluso si invocas la protección de la Llama Violeta de cualquiera de los cientos de impostores de Sanctus Germanus, será en vano, ¡puesto que la invocación de la Llama Violeta sería perjudicial para su propia supervivencia!

Así que aprende a discriminar entre los impostores y lo real a través del desarrollo de tu conocimiento de la Sabiduría Antigua como armadura contra cualquier impostor o caparazón astral que trate de engañarte. No confíes en tus "emociones" ya que pueden ser manipuladas astralmente, en cambio escucha a tu Ser Superior y a las intuiciones que te envía a tu mente consciente. Siempre puedes contar con tu Ser Superior o YO SOY para que te comunique la Verdad.

6. Hazte Responsable de Tu Yo Terrestre

En todos los aspectos de tu vida terrestre de aquí en adelante, hazte responsable de ti mismo. Si estás enfrentando crisis emocionales en tu familia o lugar de trabajo, no pierdas el tiempo culpando a los demás sino ve como tu responsabilidad el resolverlas. Muchos de ustedes han entrado en relaciones o matrimonios que literalmente los llevan al fondo de la confusión emocional. Acostúmbrate a tomar la iniciativa ya sea para alejarte tranquilamente de tales situaciones o para resolver el problema de una vez por todas. No seas una víctima de las circunstancias, domínalas. Parte del entrenamiento con tu Maestro te fortalecerá para confiar en la profunda voz interna en lugar de los falsos medios públicos.

Hazte responsable de tus finanzas. Si estás en una grave situación financiera, observa profundamente la causa. Probablemente tu mismo te metiste en el desastre financiero, y debes salirte de él. ¡Te sorprenderías de los recursos que llegan una vez que tomas toda la responsabilidad y decides hacer algo al respecto!

Acentuamos el que seas responsable de ti mismo porque esto es parte del desarrollo espiritual que te preparará para el derrumbe de las instituciones humanas sobre las que nos hemos apoyado por siglos. Ya has observado las inundaciones que han comenzado en ciertas regiones del mundo. Sin duda has notado que los gobiernos locales y nacionales responsables por el bienestar de las personas han probado su ineptitud o han sido agobiados por estos desastres menores. Si no pueden lidiar con éstos, ¿cómo enfrentarán las grandes catástrofes por venir? No puedes contar con la ayuda de ellos, así que prepárate adecuadamente.

Tu agencia local de ayuda en desastres o agencias de la Cruz Roja han publicado instrucciones sobre las preparaciones que debes considerar en tu planificación. Nosotros aconsejamos que hagas tus preparativos para un margen de tiempo más amplio del sugerido. Si estás viviendo en las áreas costeras o en áreas de tierra baja cercanas a aguas continentales, deberías identificar un destino seguro y elevado, y cómo llegar ahí si tienes que evacuar.

La Fundación Sanctus Germanus publicará mensajes de la Jerarquía Espiritual en www.sanctusgermanus.net. Estos mensajes servirán para guiarte e informarte bien antes de los eventos.

Enfatizamos nuevamente la necesidad de hacerte responsable de ti mismo, puesto que la enormidad de los cambios terrestres unida a las crisis financiera y económica tocará a todos. Los medios de comunicación masivos y los gobiernos están limitados en lo que pueden hacer, así que la confianza en tus maravillosos guías espirituales que están solamente a un paso delante de ti, es esencial. Ellos están trabajando conjuntamente con el Plan Divino, y si estás abierto y listo para escuchar, ellos te guiarán.

7. Purificar el Vehículo Corporal

Dada la apertura del cuerpo físico a las facultades etéricas en un futuro muy cercano, sugeriríamos que establezcas un programa para purificar tu vehículo corporal a través de una desintoxicación regular o ayuno. Ambos son esenciales para permitirle al cuerpo ajustarse a las vibraciones aceleradas. Un estado tóxico en el cuerpo colisionará con estas vibraciones superiores y causará muchas incomodidades.

La necesidad de desintoxicarse es tan vieja como la humanidad misma; sin embargo, la urgencia por desintoxicarse corresponde al llamado de los tiempos. El actual conocimiento de desintoxicación es más que adecuado. Muchas de las antiguas religiones tales como el hinduismo y el budismo han desarrollado métodos muy efectivos de purificación que todavía son válidos para las actuales circunstancias. Por ejemplo, el sistema de desintoxicación Ayurveda Panchakarma, las cinco prácticas, es una metodología bien establecida para purgar el cuerpo de toxinas. Incluso los antiguos cristianos ayunaban y se desintoxicaban periódicamente.

En realidad no necesitas paquetes herbales de desintoxicación complicados y caros. El regular ayuno de jugos es una forma relativamente fácil de purificar el vehículo corporal. Deja de comer y bebe jugo uno o dos días por semana. El ayuno gradualmente llevará a un cambio en tu dieta. Cuando el cuerpo esté purificado, tu mente se volverá más aguda y tu cuerpo perderá los kilos extra, los cuales no son más que tejido adiposo repleto de toxinas acumuladas. La mente más aguda te permitirá estar más abierto a la comunicación telepática con tus guías espirituales.

Cuanto más puro esté el vehículo corporal, tu cuerpo requerirá alimentos más ligeros. Deja que el tipo de vehículo corporal que estás usando determine tu dieta. El vegetarianismo no te hace necesariamente más santo que alguien no vegetariano. Muchos de ustedes han vivido anteriormente como vegetarianos muy santos y han regresado esta vez en cuerpos omnívoros. Esto es porque un vehículo corporal saludable y resistente es lo que se necesitará para soportar el estrés tanto físico como mental en los años por venir.

Algunos bajo la influencia del tabaco, excesivo consumo de alcohol o drogas “recreativas” adictivas deben trabajar valientemente para liberarse por cualquier medio de estas influencias. La toxicidad vertida en el vehículo corporal por estos hábitos solamente puede retrasar su proceso de recuperación o, en la mayoría de los casos, completamente sabotea su misión.

Los Maestros a veces tratarán de erradicar estas adicciones, no obstante en todos los casos conocidos, el portador de luz eventualmente se vuelve muy poco fiable e inestable para manejar información y llevar a cabo tareas importantes de acuerdo al Plan Divino.

8. Purificar el Cuerpo Astral

La purificación del cuerpo físico es solamente una parte del proceso de purificación. La cantidad de emociones acumuladas en el cuerpo astral constituye la gran calamidad de los tiempos modernos. Esta capa de problemas emocionales bloquea el contacto fácil que el cuerpo físico denso debería tener con su cuerpo mental y su doble etérico. Todas estas emociones ocultas son almacenadas en el cuerpo astral individual.

Energías etéricas superiores y más finas están entrando a la tierra incrementando la frecuencia en la cual vivimos. También están limpiando sustancialmente el plano astral así como también tu cuerpo astral. Así que estemos listos o no, nuestros cuerpos astrales y nuestros cuerpos emocionales están experimentando una limpieza. Aquellos que no estén listos recurrirán a un comportamiento insensato mientras que aquellos que estén listos soportarán la limpieza.

Entiende lo que está sucediendo cuando te enojas por algo insignificante. Entiende por qué otros se comportan insensatamente incluso hasta el punto de lastimar a sus vecinos. En la mayoría de los casos, es como la tortura. Algunos se volverán locos, otros quizá opten por dejar la tierra, mientras que los fuertes, sanos y resistentes enfrentarán las emociones que salgan a la superficie y se ocuparán de ellas. Esta limpieza está ocurriendo y continuará hasta que toda la escoria haya salido a la superficie y haya sido eliminada.

Mientras este proceso se lleva a cabo, te volverás muy consciente de que tu agitación es parte de un proceso mundial en lugar de uno personal. Se vuelve personal cuando "tomas el toro por los cuernos" y te ocupas de las específicas emociones expuestas. Algunas emociones olvidadas por mucho tiempo saldrán a la superficie cuando menos lo esperes. Éstas pueden dejarte perplejo, y quizá te preguntes por qué estos pensamientos surgen de repente en tu conciencia. Debes enfrentarlos. Si necesitas perdonar, hazlo. Si necesitas admitir que estabas equivocado, hazlo. Si crees que una gran injusticia te fue hecha y todavía escondes resentimiento, déjala ir, puesto que tú eres el único que le está dando vida.

Sacar a la superficie emociones puede causar dolencias y sufrimientos. El yoga es excelente para manejar esta liberación. Cuando las emociones se expresan violentamente como miedo u odio, debes actuar como tu propio psicólogo y manejar estas emociones a través de la meditación o debes abordarlas de frente a través de decisiones para transmutarlas en el universo. Deja de lado el miedo, perdona y olvida.

Los psicólogos de hoy en día están mal equipados para manejar el brote de estas emociones, especialmente porque no reconocen que una depuración universal está en proceso. La prescripción de medicamentos solamente complica los problemas. Intentarán tratar los problemas emocionales en otras formas mecánicas y menos que satisfactorias. De hecho, los psicólogos, los psiquiatras y la profesión médica admitirán estar agobiados, sino es que desconcertados por la locura que está a nuestro alrededor hoy en día.

Algunas modalidades de curación de la Nueva Era afirman quitar estos bloqueos emocionales de una persona. ¡La vida debería ser tan fácil! La terapia de energía puede ayudar a desintoxicarse y quizá pueda ayudar a sacar los problemas emocionales, pero depende de ti el enfrentarlos. En otras palabras, hazte responsable de ellos y límpialos, ¡porque, para empezar, fuiste tú quien los puso ahí!

Demasiadas personas gastan el tiempo quejándose de cómo han sido traicionados y lastimados por amigos cercanos, sus hijos y sus cónyuges. Eso duele. Todos somos lastimados de vez en cuando. Pero algunos casi disfrutan el sumirse en sus penas y lamerse sus heridas. Cada uno de nosotros tenemos fuertes imperfecciones emocionales en nuestras vidas, pero quejarnos no nos sacará del camino del dolor. Tu búsqueda del Sendero necesariamente forzará a los bloqueos emocionales a que salgan a la superficie, y tú, entonces, debes botarlos y olvidarte de ellos. Incluso puedes considerar el escribir estos dolores emocionales en un pedazo de papel y después quemarlo.

La purificación tanto física como emocional de los vehículos físico y astral limpiará el camino para que entren en acción tus facultades etéricas y te preparen, así, para el viaje que viene. Cuando la Jerarquía Espiritual indique la necesidad de tomar cierta acción, aquellos con claras facultades, sin importar en donde se encuentren en el mundo, recibirán el llamado a la acción y sabrán qué hacer. Este tipo de información no puede ser reemplazada por comunicación electrónica o agencias gubernamentales.

9. Equilibrar las Energías Masculinas y Femeninas

Como un portador de luz, deberías buscar el equilibrio de las energías masculinas y femeninas dentro de ti. No eres ni hombre ni mujer, sino un alma expresando energías tanto masculinas como femeninas a través de un vehículo corporal dado.

Desafortunadamente, el Movimiento de la Nueva Era ha malinterpretado las buenas noticias de las entrantes energías femeninas comparándolas con el género femenino. Algunos incluso han usado estas noticias para contraatacar al género masculino por todas las pasadas injusticias que han sufrido como víctimas. O algunas mujeres han tomado un aire de superioridad mientras combaten la opresión masculina o intentan reprogramar a sus amigos de sexo masculino.

La reprogramación necesita hacerse en tu propio pensamiento, ya que en realidad, estas energías, tanto masculinas como femeninas, no tienen nada que ver con el género. Son cualidades del alma que todos expresan, no solamente los humanos sino también los animales y las plantas.

Para ser un portador de luz efectivo, debes olvidar el género y todas las "políticas" que le rodean. Evitemos un contragolpe en el otro extremo en el que el género femenino domine al masculino. El equilibrio entre estas dos categorías de energía es la única forma en la que la Era Dorada puede lograr paz y tranquilidad.

10. Sé Consiente de la Liberación de Tus Energías Kundalini

Tomar los pasos preliminares de arriba necesariamente significará que tus cuerpos físico y emocional tendrán que ajustarse a vibraciones más y más altas mientras el pralaya avanza. Leer y estudiar la Sabiduría Antigua, meditar en armonía con tu Ser Superior, y comunicarte con tu Maestro liberará las latentes energías Kundalini almacenadas en la base de tu espina dorsal. Tu apropiado desarrollo espiritual provoca la liberación, no al revés, es decir, la liberación artificial del kundalini no te hará más espiritual.

Hay muchas opiniones acerca de este controversial tema, desde el punto de vista completamente loco hasta el más prudente de la tradición yoga. Algunos atribuyen cada malestar que experimentan al surgimiento de su kundalini, mientras que los más prudentes y conscientes pueden sentir físicamente el surgimiento y desaparición de estas energías con el tiempo. Cada vez que se eleva, intenta llegar a un chakra superior, después se desvanece para un período de descanso y ajuste. La liberación de tus energías kundalini es como un termómetro de tu desarrollo espiritual.

Todos experimentan esta liberación de forma diferente pero no es probable que la liberación de las energías kundalini en lo alto de la espina se lleve a cabo de un solo golpe. Si esto sucede, el vehículo corporal no sería capaz de soportarlo – podría ser devastador. Tampoco es probable que la manipulación del kundalini yoga libere estas energías sin el requerido desarrollo espiritual.

Es más probable que la liberación de kundalini llegue y se vaya en un período de un par de años, y en el caso del portador de luz, su Maestro supervisará la liberación en conjunto con el surgimiento de su Ser Superior en su personalidad.

11. El Paso Progresivo a Técnicas de Meditación Más Avanzadas

La Fundación Sanctus Germanus pondrá a disposición de los portadores de luz técnicas de meditación avanzadas en el momento oportuno. Estas técnicas avanzadas están diseñadas para ayudar a los individuos a mantener control sobre la mente durante el estrés y agitación del actual pralaya. También ayudarán al individuo a permanecer en cercano contacto mental con sus Maestros. Por favor visiten el sitio Web de la Fundación Sanctus Germanus, www.sanctusgermanus.net para más detalles en el futuro.

La Estructura Interna que Nos Une a Todos

Ya sea que consciente o inconscientemente, están *"unidos por una estructura interna de pensamiento* y por un medio telepático de interrelación. Los Grandes, a quienes todos buscamos servir, están enlazados así, y pueden – ante la menor necesidad y con el mínimo desgaste de fuerza – compenetrarse unos con otros. Todos ellos están sintonizados a una vibración en particular".[39]

Estas palabras nos dan alivio, ya que lo que debemos enfrentar en el futuro cercano no será un picnic. Los portadores de luz representan una amplia diversidad de experiencias del alma que se añaden a la riqueza y profundidad de conocimiento del grupo entero. Ellos vienen de diferentes países, ambientes, herencias y tradiciones. No obstante es confortante saber que semejante grupo diverso se encuentra en un suelo común en lo etérico en donde hay una reunión de mentes y planes. El cómo ponemos en acción esta cooperación natural en el plano terrestre es el reto que yace ante nosotros.

"En Él vivimos y nos movemos y tenemos nuestro ser", de hecho quiere decir *Omnipresencia.* La omnipresencia es un término genérico cubriendo el océano de energías interrelacionadas las cuales constituyen ese cuerpo sintético de energía de nuestro planeta. El cuerpo etérico de cada forma en la naturaleza es una parte integral de las energías del Creador conocida como la sustancia creadora de forma. El cuerpo etérico o de energía de cada ser humano, por lo tanto, es una parte integral del cuerpo etérico del planeta mismo y consecuentemente del sistema solar. A través de este medio, cada ser humano está básicamente relacionado a toda otra expresión de la Vida Divina.[40]

Tú, quien conscientemente has elegido trabajar con el Plan Divino durante los cambios terrestres, habrás atravesado pruebas emocionales que habrán fortalecido tu desarrollo espiritual y, así, aumentado

---

[39] Bailey, Alice A., La Telepatía y el Vehículo Etérico, p. 1
[40] Ibídem, p. 2

tus vibraciones conjuntamente con las vibraciones siempre superiores en el plano terrestre. La sincronización con estas energías superiores te pondrá fuera de peligro porque las principales batallas del Armagedón implican que las vibraciones superiores agitan a las inferiores. La guerra y el conflicto físico involucran a las vibraciones más bajas que la humanidad puede producir. Cuantas más altas sean tus vibraciones, más lejos estarás del peligro.

El desarrollo espiritual dentro del contexto de tales cambios, necesariamente, abrirá tus facultades innatas para ver etéricamente, comunicarte telepáticamente y finalmente precipitar las necesidades materiales. Puedes lograr la activación de estas facultades a través de la meditación, el estudio y el servicio desinteresado a la humanidad antes del 2012 a través de múltiples modalidades religiosas o espirituales disponibles en la tierra. En los siguientes capítulos, discutiremos cómo la reactivación de estas facultades influenciará tu trabajo durante el Período de Reconstrucción.

CAPÍTULO 6

Período de Reconstrucción I

Creando orden del caos en la posguerra

El derretimiento de las capas de hielo y las regiones del permahielo continuará a un paso acelerado después del 2012. En las cenizas de la guerra mundial y de la depresión económica, grandes inundaciones dominarán la vida de la tierra de aquí en adelante y forzarán desplazamientos de población nunca antes vistos en nuestra historia. Millones elegirán permanecer en el camino del daño y perecerán mientras que otros huirán a suelos altos. La vida en la tierra será difícil y caótica, por decir lo menos, y las condiciones no favorecerán a los débiles de corazón.

La Situación Mundial de la posguerra

El mundo se encontrará devastado por las secuelas de la Tercera Guerra Mundial. Cualquier esperanza que los remanentes de las Fuerzas Oscuras tengan de revivir la economía será desvanecida, así que cuando se retiren, las Fuerzas Oscuras liberarán pandemias como una política desesperada de "arrasar la tierra" para devastar el planeta – "Si nosotros no podemos prevalecer, entonces nos llevaremos todo con nosotros" llevándose con ellas a millones. Aquellos que se hayan ajustado a las vibraciones superiores en la tierra no serán tocados.

Presentando un reto aún más grande a la población terrestre, los cambios terrestres se acelerarán más, ya que el derretimiento de las capas de hielo polar y las vastas regiones de permahielo continuará a un paso aún más alarmante. Los niveles del mar continuarán elevándose y tormentas impredecibles azotarán todos los continentes con prolongadas lluvias diluvianas que traerán inundaciones tierra adentro y resultarán en masivas inundaciones en todas las áreas de tierras bajas.

Las principales ciudades costeras y bajas (tales como Hong Kong – Macao, Shanghái, Bangkok, Calcuta, Mumbai, Dubái, Cairo, Estambul, Beirut, Nueva Cork, Londres, Ámsterdam, Bruselas, Marsella y otras) sucumbirán a las inundaciones y tendrán pérdidas humanas sin precedentes. Las ciudades del interior cercanas a los principales ríos o cuerpos acuíferos tales como Chicago, Detroit, Toronto, Montreal, Frankfurt y París sufrirán el mismo destino.

Para este tiempo la mortal combinación de la guerra, las enfermedades pandémicas, la pobreza y las aceleradas catástrofes naturales ya habrán reducido la población terrestre significativamente. La confluencia de estas crisis habrá causado mundialmente sufrimiento y muerte sin precedentes.

Agitación y Reagrupamiento

La agitación general de la población terrestre pondrá en acción las Leyes de la Atracción y de la Repulsión. A diferencia de otros planetas, la tierra, hasta este momento, ha albergado a una población heterogénea compuesta de rezagados de baja evolución de otros planetas y galaxias, almas desarraigadas en el universo sin otro lugar a donde ir, remanentes de razas raíz pasadas y seres humanos de muy diversos tipos en varias etapas de desarrollo espiritual. Esta diversidad ha tenido como resultado continuos conflictos que ningún otro planeta en el sistema solar experimenta. La depuración de la población terrestre durante este período debido a las vibraciones superiores entrantes activarán estas dos leyes cósmicas y, como consecuencia, los sobrevivientes se reagruparán.

Quienes por instinto de supervivencia huyan a tierras altas se unirán a aquellos con los que sean compatibles de acuerdo con estas leyes cósmicas. Los portadores de luz dirigidos por el propósito y la misión eventualmente encontrarán el camino a las Regiones Espirituales más protegidas en donde aquellos con ideas similares se hayan reunido. Ahí, ellos se encontrarán con otros que, a través de visión y previsión, poblaron esas áreas en años anteriores.

Curiosamente, todos los sobrevivientes, aunque cansados, estarán llenos de esperanza y una nueva forma de percibir la vida. La gruesa mugre del plano astral se habrá adelgazado considerablemente y más luz se filtrará en el plano terrestre. Las Fuerzas Oscuras se habrán despejado, y la masa crítica de las Fuerzas de la Luz comenzará a ser mayor que ellas. El ingreso de frescos flujos de energías dadoras de vida del Sol, el *prana*, comenzarán a resucitar el plano terrestre y a su doble etérico, permitiendo a las personas respirar libremente una vez más. Las cosas se verán y se sentirán más ligeras y más brillantes a pesar de la inundación. Energías etéricas más finas penetrarán el cuerpo del hombre y el alma se estirará para estimular el contacto con su cuerpo etérico en lugar del físico. Cuando la humanidad avance más hacia la Nueva Era Dorada, este proceso se intensificará.

Para este tiempo, la distinción entre el bien y el mal será evidente, y las almas buenas e inocentes en la tierra comenzarán a encargarse de las cosas. Las influencias del plano astral perdurarán, pero su "colorido" de formas de pensamiento será de una naturaleza astral superior. Los deseos y las emociones personales y egoístas gradualmente cederán a una necesidad de servir a otros, esta tendencia más tarde evolucionará a un servicio divino. Mucha de la sensiblería emocional del innecesario "sentirse bien", los grandes giros entre el odio y el amor, y los perversos pensamientos oscuros de violencia gradualmente se desvanecerán. La literatura, las artes y la música florecerán en niveles superiores a pesar de la agitación mundial y servirán para elevar el pensamiento en crisis en lugar de degradarlo. La sociedad en general comenzará a buscar lo supremo y lo mejor en lugar de sumergirse en las profundidades de la perversión.

Las Tierras Altas y las Regiones Espirituales

El período posterior al 2012 cambiará la configuración geográfica de la superficie terrestre. Cuando las inundaciones avancen gradualmente, las masas ignorarán las señales iniciales y así perecerán. Mientras que muchos escucharán a sus intuiciones con bastante anticipación, no se sabe actualmente cuántos elegirán sobrevivir.

La población en general buscará naturalmente refugio en tierras altas que estén más cerca de las áreas inundadas. Los portadores de luz y sus discípulos, por otro lado, seguirán sus intuiciones y se trasladarán hacia las Regiones Espirituales designadas, mucho antes que las inundaciones actuales toquen sus áreas. Todas las Regiones Espirituales están bastante lejos de las áreas costeras y ubicadas en altas planicies en cada continente. Hacer el equipaje y mudarse a éstas requerirá un alto grado de compromiso y fe.

En preparación de los eventos venideros, los adeptos de místicas sociedades secretas conectadas a las divisiones regionales de la Jerarquía Espiritual ya han comenzado a mudarse hacia estas Regiones Espirituales bajo la cubierta de otras identidades. Estas sociedades han mantenido las enseñanzas místicas puras de la Jerarquía Espiritual a lo largo de los siglos, y de ellas han brotado varias religiones esotéricas conocidas actualmente.

Zonas de Más Elevación

Millones de sobrevivientes de tierras bajas huyendo a tierras altas comenzarán la onerosa tarea de reconstruir y sobrevivir con poca o ninguna ayuda de sus gobiernos. Un estado general de anarquía existirá hasta que los grupos formen y desarrollen reglas de supervivencia. Las pequeñas colonias, dispersas entre las faldas de las montañas de las actuales cordilleras, se organizarán según la Ley de la Atracción.

Las zonas seguras de más elevación proporcionarán un santuario temporal, sin embargo, estarán sujetas a los continuos y más profundos cambios terrestres como se pronosticó para la Etapa 3 (Ver Capítulo 3). Las únicas áreas que sobrevivirán más allá del cambio serán las doce Regiones Espirituales designadas por la Jerarquía Espiritual. Estas regiones llegarán a ser con el tiempo civilizaciones grandes, avanzadas y espiritualmente asentadas que atraerán sus poblaciones de las áreas circundantes.

Los años de la posguerra constituirán el período más difícil y caótico de nuestro escenario de transición. Las poblaciones sobrevivientes soportarán un estado de constante flujo cuando el mar, los ríos, los lagos y otros cuerpos acuíferos acapararán áreas de tierras bajas. Las fuertes lluvias constantes inundarán los interiores. Sólo quedarán los esqueletos de los gobiernos, y éstos serán inútiles. Las autoridades jurisdiccionales locales se verán forzadas a confiar en sus propios medios para mantener la ley y el orden y generar grupos de ayuda mutua entre los desplazados. En donde esto no sea posible, existirá la anarquía, contando con los buenos instintos básicos de la humanidad para mantener el orden en una situación caótica.

Muchas áreas urbanas de alta elevación quedarán intactas, y grandes cantidades de personas desplazadas se dirigirán a estas áreas. Los gobiernos locales en estas áreas de alta elevación tendrán que arreglárselas con miles y miles de refugiados y proporcionarles las necesidades básicas. La magnitud del reasentamiento será tan grande que solamente los grupos de ayuda mutua y los gobiernos locales bien organizados serán capaces de implementar soluciones, frecuentemente dependiendo de la generosidad y la iniciativa de los residentes locales.

Con el colapso de las leyes, los contratos, los derechos de propiedad y el orden social general, los sobrevivientes dependerán de poco, salvo la búsqueda de aquellos de vibración similar. En este punto, las leyes cósmicas naturales, y no la ley de la jungla, automáticamente dominarán. Grupos específicos se formarán de acuerdo con la Ley de la Atracción. Prevalecerá la libertad para vivir y asociarse con quien sea y en donde sea que plazca. De esta manera, pequeños grupos se formarán para protegerse mutuamente y sobrevivir en las zonas elevadas seguras.

Cuando las zonas de alta elevación luchen por restablecer el orden y establecer a los desplazados, los portadores de luz continuarán su camino hacia las doce Regiones Espirituales, en donde sus compañeros y miembros de la Jerarquía Espiritual se habrán reunido para comenzar el proceso de reconstrucción basado en las leyes cósmicas. El orden surgirá del caos tan rápido como las Regiones Espirituales puedan consolidarse y establecerse, ya que estas Regiones Espirituales serán las guías para reformar la sociedad para la Nueva Era Dorada.

Las Doce Regiones Espirituales: Los Doce Experimentos

En las anteriores sub-rondas, han existido grandes civilizaciones espirituales en las que ha habido interacción entre las dimensiones espirituales y el plano terrestre. Estas regiones, tales como China y Mesopotamia, florecieron con poco contacto una con la otra. Durante Eras Doradas anteriores, las civilizaciones - tales como aquella dirigida por una anterior encarnación del Maestro Sanctus Germanus en lo que hoy se conoce como el desierto del Sahara -

florecieron bajo la ley cósmica.[41] Sus habitantes vivieron bajo un régimen de paz y tranquilidad, y muchos Maestros nacieron de estas civilizaciones.

En un retorno a esta antigua tradición, la Jerarquía Espiritual ha diseñado doce Regiones Espirituales para servir como territorios semilla, de las cuales florecerá la civilización de la Era Dorada en cada continente. Estas doce Regiones Espirituales constituirán espacios de orden en medio del caos y serán gobernadas de acuerdo a la ley cósmica. No se espera que la Era Dorada prometida sea global, sino que tendrá lugar en estos centros. Esto es porque el resto del mundo estará en los tormentos de los ajustes geológicos.

Juntas, estas Regiones constituirán un nexo de portales de energía desde los cuales la Jerarquía comunicará su plan para la reorganización de la sociedad humana y la colocación del trabajo preliminar para la largamente esperada manifestación del Maestro del Mundo, cuya aparición, en cualquiera que sea la forma que se estime viable en el momento, se espera alrededor del 2020. Los adeptos de las divisiones regionales de la Hermandad de la Luz surgirán de los planos internos para ayudar a los portadores de la luz a consolidarse en estas Regiones.

En las Regiones Espirituales, los portadores de la luz junto con los adeptos de la Jerarquía Espiritual construirán una sociedad de transición que experimentará con lo mejor de nuestra actual civilización y con nuevas ideas fluyendo de la Jerarquía Espiritual para crear un modelo de trabajo para la Nueva Era Dorada. Estos centros de erudición

---

[41] See King, Godfre Ray, *Misterios Develados*, (Schaumburg, Illinois: Saint Germain Press, Inc.), pp. 33-71

y poder espiritual serán construidos tomando de modelo a Shamballa, la sede de la Jerarquía Espiritual. Cada región se convertirá en un rayo de luz para su continente, y cada una representará una nueva forma de aspiración, basada en el desarrollo espiritual.

Las personas que vivan en áreas circundantes aspirarán a ir a las Regiones Espirituales para vivir bajo un régimen de iluminación. El dinero y la riqueza material ya no serán definidas como las aspiraciones primarias de la humanidad. Todos serán bienvenidos, siempre que demuestren el nivel requerido de desarrollo espiritual. Si no lo hacen, las vibraciones superiores de estas áreas serán demasiado para ser soportadas y naturalmente los repelerán. Las vibraciones superiores protegerán a estas Regiones Espirituales de incursiones no deseadas, ya que seguirá existiendo un estado de dualidad en la tierra.

De cada Región Espiritual surgirá la base para la ley y el orden en un área en particular, tomando en cuenta las características raciales y culturales. Cuando las Regiones Espirituales crezcan, constituirán tanto la jerarquía administrativa como espiritual representativa para cada área. A las colonias en las zonas de más elevación que rodeen estas Regiones Espirituales se les dará la opción de emular o de integrarse a esta reorganización jerárquica.

Para reiterar, las doce Regiones Espirituales del mundo han sido reveladas de la siguiente forma:

América del Norte:
(1) El área de Banff-Lago Louise cerca de Calgary, Canadá hasta el área de Grand Tetón de Wyoming, Estados Unidos
(2) El área de la Planicie de Colorado

América del Sur:
(3) La Provincia de Córdoba en Argentina y
(4) La Provincia Goiás en Brasil

Este de Asia:
(5) La Planicie de Qinghai-Tíbet y
(6) La Planicie del Desierto Gobi

Sur de Asia:
(7) El área de Darjeeling, incluyendo a Sikkim en las faldas del Himalaya

Australia:
(8) La región del Outback (el interior remoto)

Medio Oriente:
(9) La planicie de Irán cerca de Yazd, Irán

África:
(10) El área de las Tierras Altas Centrales de Lake Kivu y
(11) La Planicie Ahaggar cerca de Tamanrasset, Argelia

Europa:
(12) La Planicie de Transilvania en las Montañas Cárpatos

Los patrones climáticos cambiarán rápida y radicalmente en las décadas por venir y harán áreas inhóspitas mucho más habitables, tales como el desierto australiano, la planicie del Sahara y la planicie Gobi. Se espera que domine un clima templado húmedo, y precipitaciones regulares restaurarán regiones áridas que alguna vez fueron fértiles. Aquellos que han vivido en áreas desérticas ya han notado que cuando llueve, el desierto inmediatamente recobra vida.

La Treceava Región Espiritual: La Capital de la Nueva Era Dorada

La treceava Región Espiritual será designada la Capital de la Nueva Era Dorada alrededor del año 2040. Se pueden considerar dos ubicaciones: la Isla Victoria en los límites norte de Canadá, o Groenlandia. Lo que se revele después de que los glaciares se hayan derretido y cómo estas dos ubicaciones sean afectadas durante la guerra mundial determinará si alguna de ellas reúne los requerimientos kármicos de la Jerarquía Espiritual para tal ubicación sagrada.

La Reconstrucción en las Regiones Espirituales

La profunda contemplación y meditación de los adeptos de la Jerarquía Espiritual, quienes han seguido el escape a las Regiones Espirituales, traerá a la luz el Período de Reconstrucción. Los catastróficos cambios terrestres del pralaya habrán destruido los obvios símbolos e instituciones que no servían a la humanidad, pero no se espera que la humanidad reconstruya la misma civilización como se deduce de la palabra "reconstrucción". La reconstrucción quiere decir la reedificación de solamente eso que nos servirá, basados en la experiencia sólida del milenio pasado. Implicará desarraigar lo malo y reconstruir lo bueno – una segunda oportunidad otorgada para enmendar aquello que salió mal.

Pralaya significa "un período de oscurecimiento, destrucción y reposo". El reposo es una característica crítica de un pralaya, pero no implica que la humanidad vaya a holgazanear sin hacer nada. Las leyes cósmicas que gobiernan un período de pralaya están diseñadas para equilibrar aquellos períodos activos de creación. El reposo es un tiempo para hacer una estimación de lo que ha sido logrado, evaluar lo que salió bien y lo que salió mal y saber qué mantener y qué desechar. Es muy parecido a la fase de evaluación de un ciclo de proyecto. Una vez que el proyecto ha terminado, los evaluadores buscan encontrar si ha logrado sus objetivos y si no, saber por qué no. Aquí yacen las verdaderas lecciones que el alma debe contemplar y en las que debe reflexionar. Así que en lugar de estar siendo sacudida en los tormentosos mares del progreso, del cambio, de pruebas y de errores, el alma reposa en las tranquilas aguas de la contemplación y la evaluación.

Aquellos que encarnen durante el pralaya no serán tan ciegos como los que encarnaron antes. Su habilidad para evocar vidas pasadas y leer los registros akáshicos en el plano mental será intensificada para que una reseña del cómo fueron sus vidas pasadas a través de otros activos períodos creativos puedan contribuir a la Nueva Era Dorada.

El Período de Reconstrucción alcanzará una gran profundidad. Como un regalo del cielo, aquí se da la oportunidad de Reconstruir eso que debería haber estado en un equilibrio más firme. Esta es la esencia del significado de Reconstrucción.

Las Leyes Cósmicas Gobernando las Regiones Espirituales

El Maestro Sanctus Germanus pensó y meditó profundamente acerca de este pralaya, siglos antes de que comenzaran los actuales eventos catastróficos. Otros Maestros, sus iniciados y portadores de luz también estudiaron los planes y detalles en preparación. Nada se dejó al azar, excepto por el libre albedrío ejercido por la humanidad. El orden surgirá CIERTAMENTE del caos en las Regiones Espirituales, si los portadores de luz siguen las directrices para ir a estas regiones con bastante anticipación a los masivos desplazamientos de la población y trabajan con los adeptos de la Jerarquía para crear la estructura que traerá orden a una sociedad en continuo cambio. Todas las leyes cósmicas ya conocidas por la humanidad permanecerán en vigor, ya que son eternas como el universo. Entenderlas es otra cuestión. Además de estas leyes, deseamos introducir una nueva serie de leyes cósmicas referentes a los períodos de destrucción y reposo tales como este pralaya.

La Sociedad de Transición

Los habitantes de las Regiones Espirituales organizarán una sociedad de transición que experimentará con organizaciones e instituciones basadas en la ley cósmica. Se llama "de transición" por su naturaleza experimental. El modelo que surja de este experimento será usado para crear la muy prometida Nueva Era Dorada.

El propósito final de una sociedad es permitir que las almas se expresen libremente a través de sus respectivos vehículos corporales físicos. A través de la educación, la meditación y el servicio dentro de una estructura de leyes cósmicas, una sociedad puede en sí misma lograr esta "Liberación del Alma".

Las leyes cósmicas proporcionarán una estructura legal adaptada a las condiciones predominantes. Ellas formarán un marco de principios, parecido a una constitución, pero más alineado con los verdaderos principios universales. De estos extensos principios, las regulaciones humanas pueden ser incluidas para manejar los requerimientos locales.

La ley cósmica no está escrita en papel. Está arraigada en la misma estructura de cada alma. Todo se mueve y existe dentro de una estructura legítima de reglas y ciclos. Como tal, cuando el alma es liberada en cada individuo, el patrón básico de la ley y la auto-aplicación se manifiesta. La apropiada aplicación e implementación de la ley cósmica no requiere policía o milicia, ni decisiones arbitrarias basadas en nociones individuales de la aplicación de la ley. Más bien es ley y aplicación interna, combinadas como una, una alegría en el corazón que se da cuenta de sus obligaciones dentro del marco de la creación y da a uno esa sensación de paz y seguridad tan buscada en el mundo actual.

Cuando las almas sean liberadas, el conocimiento de la ley cósmica surgirá. Los volúmenes de leyes que llenan las bibliotecas de leyes cubriendo cada acto criminal perderán sus bases puesto que esos actos, los cuales fundamentalmente reflejan la divergencia de la humanidad de la ley cósmica, ya no prevalecerán. Las enseñanzas de la Jerarquía Espiritual corregirán nociones equivocadas de las leyes cósmicas traídas de la civilización actual y junto con el proceso de aprendizaje en todos los niveles de la sociedad se seguirán con extremo cuidado.

Las leyes cósmicas no articuladas todavía entonces serán introducidas y probadas en la sociedad de transición. El cómo la sociedad de transición se adaptará a estas leyes se desconoce en este momento. La experimentación de esta naturaleza será fundamental para la construcción de una Nueva Era Dorada.

La serie de leyes cósmicas a continuación caracterizan la perspectiva que la humanidad debe adoptar durante un período de pralaya y cómo debería ser vista la reconstrucción. Mientras que pueden parecer muy similares unas con otras, hay sutiles diferencias.

1. La Ley de la Atracción

Quienes se parecen, se juntan. La tierra ya no será el vertedero de niveles dispares de evoluciones. Ya no será posible que un individuo que esté desconectado de su alma encarne en la tierra ya que muchos lo han hecho en la era dominada por las Fuerzas Oscuras. Las vibraciones superiores de la Tierra automáticamente prevendrán esto. Al inicio, este fenómeno puede manifestarse en la cantidad de partos en donde el niño nazca muerto o en bebés que no sobreviven. Esto no debería alarmar a los sobrevivientes, ya que debe ser visto como la mejor manera de detener intentos invasores en el nuevo plano físico. Después de un período de tiempo, las encarnaciones fluirán en vehículos vibratorios superiores tal como lo previsto en el plan.

La implicación de esta ley en la creación de vehículos armoniosos es, sin duda, una de las más importantes, puesto que actúa como un tipo de política de inmigración cósmica que continuará descartando evoluciones inferiores. Hay otros planetas en la infinita cantidad de sistemas solares en los cuales sería más indicado para ellos encontrar forma.

La homogeneidad en la vibración es, así, el resultado de la más estricta aplicación de la Ley de la Atracción, aunque su influencia no causará que toda la humanidad se parezca. De hecho, las variedades y colores de los varios vehículos incrementarán y asombrarán a la actual humanidad – azul, verde, rojo. No obstante, la compatibilidad vibratoria armonizará todas las relaciones para que el color no sea usado como un criterio para la discriminación sino como una contribución de calidad para la sociedad – en esencia, una expresión más completa del alma colectiva. La diferencia en color será ante todo vista en el nivel físico, sin embargo, en el nivel etérico el color se atenuará en la armonía de la materia más refinada.

Los individuos que operen en niveles vibratorios superiores y similares pueden lograr mucho más que los grupos heterogéneos. ¡Imaginen grupos que inherentemente estén de acuerdo en ciertos objetivos dentro del Plan Divino y que trabajen armoniosamente en concierto uno con el otro! Semejante cosa es rara, si no es que impensable hoy en día. Aquellos de ideas similares se reunirán y trabajarán juntos, y las comunidades se formarán igualmente de acuerdo a la atracción mutua de sus miembros. Nadie será forzado o coaccionado para que se una o trabaje con personas de tendencias y características distintas, la libertad de elegir o regresar al ashram de uno es preservada y garantizada en esta Ley.

2. La Ley de la Repulsión (lo inverso)

Esta ley también aplica y, así, forma los bordes o límites de una actividad grupal. Por lo tanto, el grupo tiene ciertas limitaciones políticas y geográficas para asegurar el no dominio sobre los demás o el uso de la fuerza para controlar y mantener artificialmente a las personas unidas. La Ley de la Repulsión, entonces, establece los límites de acción grupal y asegura la diversidad entre los grupos. Sin embargo, incluso en esta diversidad, habrá hilos de interés común entre los grupos que vincularán a estos grupos dentro de las limitaciones impuestas por esta Ley.

3. La Ley de la Espontaneidad Cósmica

¿Qué es la espontaneidad cósmica sino la manifestación exterior de los conocimientos del alma en lugar de la acción medida y deliberada? Mucha de esta espontaneidad es vista en los niños hoy en día, y se conecta a la Inteligencia Divina en la forma más directa y positiva.

Esta ley está conectada a la comunicación telepática, puesto que es la espontaneidad la que asegura la forma más pura de transferencia de pensamiento. Una forma de pensamiento depositada en tu mente se vuelve instantáneamente reconocible y digerida. Es comprensión instantánea en su forma más pura. El pensamiento y la postura humana sobre las formas de pensamiento invariablemente tuercen los significados originales y causan distorsiones que la experiencia debe remover más adelante. La espontaneidad cósmica tiene mucho que ver con el dicho "más rápido que un rayo de luz".

Tal espontaneidad funciona mejor cuando el cuerpo astral está bajo control y el vehículo físico (tanto el físico denso como el etérico) está en contacto directo con los cuerpos mental y causal.

4. La Ley de la Acción Perpetua

Todo está en movimiento. Esta ley reconoce que toda la creación está cambiando perpetuamente, y que no hay lugar para la holgazanería o para estar sujetos a que otros hagan el trabajo rudo. Así que aquellos que reconozcan esta ley se desprenderán de la tradición y las viejas costumbres y se abrirán a las ideas siempre evolutivas que fluyen de la jerarquía.

Hay una creencia en ciertos individuos de que el crecimiento se detiene a cierta edad. Ellos adoptan estilos y formas de pensamiento que son cómodos o tradicionales. Muchos dejan de crecer intelectual y mentalmente. Pero con un entendimiento del dinamismo perpetuo tan arraigado en la nueva sociedad, aferrándose a la tradición, se dará paso a la recepción del suministro siempre fluyente de ideas divinas en el nuevo orden.

5. La Ley de la Fluidez Perpetua y Maleabilidad

El concepto contrario a esta ley es un pensamiento materialista que desea anclar todas las ideas en alguna forma sólida o estable. La fluidez y la maleabilidad traen un superior y más sutil sabor por lo espiritual, *siempre buscando*, siempre adaptable, siempre capaz de tirar eso que ya no sirve, de dejar de lado lo que estorba. Es apertura de mente en su mejor expresión.

6. La Ley del Abandono

Las ideas y las formas de pensamiento abundan en el universo, todas para el uso humano. Ellas circulan libremente como recursos para ser usados hacia la Liberación del Alma, o para ser abandonados, o para dejar que otros los usen. Aferrarse a que ciertas ideas serán por siempre correctas, por mucho que lo fueran en su tiempo, retarda el crecimiento y el progreso. Ser capaz de dejarlas ir cuando llega el momento adecuado, es echar un vistazo de lo que se trata la verdadera libertad. Cuando dejas ir, lo haces porque tu alma te mueve hacia algo mejor. ¿Por qué no avanzar a lo mejor? ¿Por qué aferrarse a lo que es cómodo y seguro cuando una nueva idea podría ser aún más cómoda y más segura? Es el trastorno de cuando se adopta lo nuevo lo que las personas tratan de evitar, pero dar la bienvenida al cambio y al trastorno como parte del espectro de la vida siempre continuo es saber que abandonar algo que ha dejado de ser útil es una ley cósmica del progreso.

7. La Ley del Trastorno

Mencionamos que la transición de lo viejo a lo nuevo siempre implica trastorno en la vida de uno. Cuanto más se acostumbre uno al cambio y se adhiera a la necesidad de cambiar y permitir que nuevas ideas penetren nuestra vida, tirando lo que ya no es útil, más nos acostumbraremos al trastorno durante la transición. Esto es parte de la naturaleza cíclica del universo. Esta ley da poder y debe ser respetada y tolerada, no evitada o perdida con el tiempo.

8. La Ley de la Renovación Constante

Los ciclos van y vienen pero una cosa es cierta, cuando tiramos eso que no es útil, la renovación toma fuerza, restableciendo la tranquilidad y vertiendo energías nuevas para renovar la vida de uno. Esto es parte del eterno ciclo que muchas mentes reaccionarias usan hoy en día para impedir la renovación. No obstante, la renovación es la consumación del ciclo y debe entrar en juego antes que cualquier cosa continúe. Tratar de detener el fin del ciclo bloquea el progreso. La Ley de la Renovación Constante se relaciona a la Ley de la Abundancia y del suministro constante; sin embargo, este suministro llega en ciclos como con todas las cosas y cuando se agota, es renovado.

No pueden tener todo a la vez, pero lo tendrán cuando se requiera en el tiempo y el lugar correctos y eso generalmente es al inicio de un ciclo. El flujo de abundancia no se amontona en un dos por tres o todo a la vez sino en pasos cíclicos cuidadosamente medidos.

9. La Ley de la Sincronicidad

Cuando la tierra cambia de posición, también lo hará la percepción de la humanidad acerca del zodiaco, el cual ha jugado un papel importante a través de la astrología en el entendimiento de la coordinación de los eventos. El tiempo, así, continuará en el plano terrestre y en la Nueva Era Dorada. Pero el tiempo será gobernado por ciertos objetivos establecidos en el Plan Divino, los cuales a su vez están sincronizados con la percepción del nuevo zodiaco.

El derretimiento de las capas de hielo es una indicación del cambio en los ejes norte-sur de la tierra, y este cambio gradual requerirá ajustes en la percepción del hombre de la interacción planetaria y su influencia en las actividades terrestres.

El Plan Divino para las Regiones Espirituales está sincronizado con la interacción planetaria y, así, una astrología modificada reflejará esta nueva sincronización de tiempo. Hay bloques de ciclos en los que ciertos objetivos del Plan deben ser logrados, y los eventos y las actividades se entrelazarán como corresponda en un estilo sincronizado. El tiempo debe ser reconocido en términos de estos ciclos y no de acuerdo al reloj de la humanidad.

El papel de la humanidad es reconocer esta interacción y elegir su acción entre muchas de acuerdo con estos bloques de sincronicidad. Así, un acercamiento más pasivo a la vida caracteriza a un pralaya y permite que la sincronización de los eventos se desarrolle en términos del Plan Divino. Permitir que el Plan se desarrolle como está programado es permitir que se desarrolle la Ley de la Sincronicidad. Se necesita una nueva clase de astrólogos para revelar esta ley e interpretarla para las personas.

La obstinada y ajetreada actividad conforme a una agenda de tiempo arbitrariamente determinada que caracterizó tanto a la actual era, por ejemplo las conquistas y los agresivos conflictos armados, no se producirán durante un pralaya. La humanidad debe aprender a desprenderse de la actividad obstinada – considerar con detenimiento y permitir que la Ley de la Sincronicidad tome control y se manifieste.

10. La Ley del Impulso Divino

El impulso divino es el reconocimiento de que con el Plan llega la fuerza o la voluntad de implementación. Cada elemento o provisión del Plan Divino posee el inherente poder para manifestarse en el plano terrestre. Cuando la interacción planetaria comienza a abrir ciertos bloques o ciclos de revelación, se lleva a cabo un impulso de implementación, construido dentro del Plan. Esto pone en acción ciertas actividades que la Jerarquía Espiritual externará en la tierra, lo cual a su vez creará la correcta actividad para sus contrapartes terrestres. El plan está hecho, pero depende de la humanidad unirse y ceder al impulso de implementación.

A los individuos se les da la libertad de elegir actividades que promuevan o se opongan a tales impulsos. Estar de acuerdo con el impulso de implementación es abrirse a infinitas oportunidades para servir, mientras que impedirlo es colocar al alma del individuo en contra de ello. Reconocer la existencia del impulso y unirse a él pone al hombre en armonía con el Plan para que las fuerzas que se opondrían al Plan eventualmente se disipen. La acción contraria será vista como una violación de la Ley Cósmica.

La reconstrucción en las Regiones Espirituales requerirá tal impulso, de otro modo la evolución se estancaría. Así que en cierto modo, la adherencia pasiva a la fuerza como es construida en el Plan durante un pralaya resultará en actividad reconstructiva que no es una actividad "nueva" sino más una enmendación o corrección de lo que debería haber resultado. Estar en el espíritu del Plan requiere que la humanidad interfiera menos con el Plan y ceda a su impulso. Cuando los esfuerzos de reconstrucción reflejen aquellos previstos en el Plan Divino, lograrán el impulso Divino necesitado para manifestarse dentro del ciclo de tiempo asignado, tal como se definió según la cronología de las interacciones planetarias.

Este impulso será reflejado en la nueva astrología que será desarrollada en las Regiones Espirituales. No es el cambio en el universo lo que el hombre observa, sino el cambio en su posición y percepción. El Impulso Divino será, así, entendido y trazado en la nueva astrología.

11. La Ley de la Adherencia Pasiva

Esta ley yace bajo toda actividad durante los períodos del pralaya. La era actual ve la pasividad como una característica negativa. El resultado de la actividad agresiva ha construido mucho en forma de estructura concreta, investigación e ideas innovadoras. Sin embargo, mucho de lo que ha sido creado debe ser evaluado en términos del Plan Divino. La creatividad activa cede el paso a la sabiduría pasiva en la Nueva Era Dorada. La sabiduría es eso que evalúa la creatividad en términos de su utilidad y beneficios evolutivos para la humanidad.

La adherencia pasiva al Plan da reconocimiento a una correcta estructura en la que la creatividad del hombre puede ser canalizada para el beneficio de un todo. La sabiduría que fluye del Plan debe ser reconocida y usada para evaluar lo que fue creado en la era actual, sustituyendo al fuerte individualismo. Absorber y entender el Plan fija sus principios y leyes hasta el punto en que lo malo será naturalmente eyectado y lo bueno será retenido.

Para que una persona pueda adherirse a esta ley cósmica, el cuerpo mental debe ser desarrollado. Se requiere un intelecto cultivado para entender el profundo sentido de sabiduría. Así, la adherencia pasiva implica actividad mental activa contra la acción física. Y estas actividades mentales se enfocan en la evaluación del pasado, en la adopción de lo que es útil y benéfico, para lo que fue creado en la era actual; y en la invocación de la sabiduría necesitada para implementar eso que ha sido seleccionado del pasado.

La adherencia pasiva al Plan Divino, así, habilita la evaluación y trae a la luz eso que se ajusta a los principios de sabiduría del Plan. En este proceso todavía hay actividad, pero es pasiva porque es definida y restringida por la sabiduría.

12. La Ley del Movimiento Inverso

Según lo que hemos dicho acerca del período del pralaya, mucho de lo que es progreso es una recapitulación y evaluación de lo que fue creado durante el anterior período activo, es decir, seleccionar lo malo y conservar lo bueno. Invirtiendo el movimiento general, en realidad estamos avanzando con lo bueno y positivo. La eliminación de lo que no es útil para la humanidad hace espacio para enfatizar y expandir lo positivo. En pensamiento lineal, el movimiento inverso implicaría retrogresión, y en un sentido esto es correcto pero en el pensamiento multi-dimensional, lo inverso significa hacer lugar para que lo bueno se expanda. Piensen en esto.

13. La Ley de Contención

La depuración de lo que no es útil para la humanidad debe hacerse con suma sabiduría. En algunos casos, la elección es obvia, ya que ciertas instituciones o leyes humanas están en evidente violación para con su contraparte cósmica. Pero en la mayoría de los casos la elección implica formas de pensamiento que no han germinado completamente o cuyo significado fue distorsionado en su descenso a la materia. Por tanto, nunca realizaron su completo potencial.

La contención en este caso significa la preservación de lo que es bueno dentro de las formas de pensamiento que no han realizado su completo potencial, pero que si ellas fueran liberadas dentro del contexto actual, habría sido perjudicial para la humanidad. Un ejemplo de esto es la liberación de la energía atómica, de la cual su completo uso ha sido contenido por miedo al uso incorrecto. La humanidad ha llevado algunas formas de pensamiento a sus extremos lógicos resultando en gran sufrimiento. Muchas guerras son justificadas llevando al extremo altos principios.

La selección de lo viejo y malo debe llevarse a cabo dentro de ciertas limitaciones de sabiduría; de otro modo, tendremos las así llamadas revolucionarias o fanáticas cacerías de brujas y chivos expiatorios contra lo que es viejo. Ciertas tradiciones del pasado son formas de pensamiento completamente realizadas que tienen que perdurar sin importar lo que pase, mientras que otras son de origen sospechoso y no sirven a la humanidad. Hay una enorme área gris de formas de pensamiento, ante todo, en el reino de la alta tecnología. Ellas aparentemente tienen algunos beneficios que pueden ser realizados pero también pueden ser usados para el perjuicio de la humanidad. La Ley de la Contención limita excesivas direcciones fanáticas que pueden tomar ciertas formas de pensamiento.

14. La Ley de la Atenuación

La atenuación es el final, la reducción o disminución de algo. Los excesos de la humanidad en ciertas direcciones pueden en parte atribuirse a la batalla de las Fuerzas Oscuras por mantener su posición en la tierra a toda costa. Muchas formas de pensamiento comenzaron basadas en los altos ideales solamente para extenderse hasta el punto del exceso. La tecnología permitió a la humanidad extenderse más allá de las limitaciones de su vehículo corporal, pero ha sido abusada y utilizada para los fines de las Fuerzas Oscuras. No obstante, la tecnología sigue siendo, en esencia, benéfica para la humanidad. Eliminar la forma de pensamiento innovadora no es la solución. Usar la sabiduría para disminuir el exceso y preservar la esencia de la forma de pensamiento es a lo que apunta esta ley del pralaya. Es parte importante del género de leyes que dominan y contienen los excesos de la era actual y está ligada a la Ley de la Contención. El pensamiento concreto en la materia ha sido empujado hasta su límite en el período posterior a la Segunda Guerra Mundial y la suave lluvia de sabiduría controlará lo que sea útil y eliminará algunos excesos.

15. La Ley de la Consolidación

Las actividades creativas de la Cuarta Sub-Ronda han durado milenios y la Quinta Raza Raíz actual generó tanta actividad que los archivos históricos y de patentes están desbordándose. Las Fuerzas Oscuras han gastado mucha energía para suprimir muchas de estas formas de pensamiento revolucionarias.

Estas formas de pensamiento deben ser replanteadas, digeridas y no olvidadas en su totalidad – lo bueno y benéfico debe ser extraído, evaluado, firmemente situado y probado. Mucho del Siglo Veinte ha sido fugaz – una interminable búsqueda por algo nuevo, pero lo que ha sido dado aún no ha sido completamente digerido, y la humanidad no ha examinado completamente una multitud de formas de pensamiento antes de pasar a las siguientes.

El período del pralaya que hemos comenzado no es uno de destrucción al azar sino más bien uno de depuración – echando lo malo y no deseado, y consolidando lo bueno y puro. También es un descanso activo para digerir las formas de pensamiento de la Nueva Era Dorada.

CAPÍTULO 7

Periodo de Reconstrucción II

Hacia Una Existencia Etérica

Cuando los portadores de luz se muden a las Regiones Espirituales, ellos organizarán y reconstruirán una sociedad según los lineamientos de un nuevo orden cósmico. Estas Regiones quedarán como rayos de esperanza y aspiración para la sociedad humana. Aquellos que comenzaron en el sendero de probación en vidas anteriores se sentirán atraídos hacia ellas, mientras que aquellos que no tengan interés en cuestiones espirituales, a pesar de las catástrofes, reconstruirán sus vidas lo mejor que puedan, en zonas periféricas elevadas.

Las Regiones Espirituales son áreas de alta vibración que la Jerarquía Espiritual ha designado para la supervivencia de la civilización humana durante el pralaya. Son lo suficientemente vastas para absorber la mayoría de los sobrevivientes y por su luz atraerán una constante afluencia de la población en general de acuerdo con la Ley cósmica de la Atracción. Las Regiones Espirituales no son áreas exclusivas, sino paradas en el camino evolutivo. En cada continente, servirán como nuevas aspiraciones para los sobrevivientes, un lugar al que irán para vivir en paz, armonía, hermandad y abundancia.

Los requerimientos para todo el que entre a las Regiones Espirituales son los mismos que para el Sendero de la Iniciación: el sendero de probación, el camino del discípulo y los cuatro grados de iniciación. La mayoría de los sobrevivientes se habrá mudado a elevaciones superiores por instinto de auto-preservación. Una minoría ya estará en el sendero de probación, es decir, "del lado de las fuerzas de la evolución, y trabajando en la formación de su propio carácter..."[42] y serán más aptos para buscar refugio en las Regiones Espirituales.

Él se hace cargo de sí mismo, cultiva las cualidades que le faltan, y busca con diligencia poner su personalidad bajo control. Él está construyendo el cuerpo causal con intención deliberada, cubriendo todas las aberturas que puedan existir y buscando hacerlo un receptáculo digno para el principio Crístico.[43]

Características de las Regiones Espirituales

Las Regiones Espirituales son, en esencia, portales dimensionales hacia el plano etérico, en donde la Jerarquía Espiritual se comunicará con sus contrapartes terrestres de portadores de luz, discípulos y probacionistas. En estas regiones, los residentes se expandirán a los planos etérico y denso físico de la tierra y construirán una sociedad de transición marcada por la comunicación inter-dimensional.

---

[42] Bailey, Alice A., *Iniciación Humana y Solar*, p. 65
[43] Ibídem.

Para que los residentes aprovechen completamente estas regiones, necesitarán recuperar muchas facultades asociadas con el cuerpo etérico, tales como la telepatía, la clarividencia y la visión etérica. Y con el paso de los años, los residentes de estas regiones funcionarán más y más en el plano etérico usando sus cuerpos etéricos como su vehículo físico de expresión.

Los portadores de luz que hayan limpiado sus cuerpos astrales durante la agitación inicial del pralaya serán los primeros en funcionar con el etérico como su forma vehicular. Esto es porque el cuerpo etérico tendrá un acceso más limpio al cuerpo mental a través de un astral limpio y viceversa, y la humanidad confiará más en sus habilidades de pensamiento que en sus emociones. El cuerpo astral todavía jugará un papel modelando el pensamiento de la humanidad en las formas superiores de coloración astral, por ejemplo aspiraciones y expresiones superiores de artes y música y el deseo de servir en lugar del deseo de auto gratificación. Así que uno podría decir que la característica principal de la sociedad de transición en las Regiones Espirituales será el cambio gradual do la forma de expresión del físico denso a lo etérico. Dependiendo de la agudeza espiritual de cada Región Espiritual, esta fase podría tomar décadas o siglos.

La forma de la sociedad de transición, su estructura y *modus operandi,* va a ser determinada completamente por sus habitantes trabajando en conjunto con sus contrapartes en la Jerarquía Espiritual. El libre albedrío predominará, ya que se le dará a la humanidad una increíble oportunidad de reformar toda su existencia basada en la experiencia pasada y en la introducción de nuevas formas de pensamiento innovadoras. Esta es la gran perspectiva a la cual solamente sobrevivientes de la actual sociedad pueden contribuir; de ahí el papel crítico de los portadores de luz.

La sociedad de transición es un gran experimento y su resultado no está garantizado. El Medio Oriente, que alguna vez fue un gran portal dimensional espiritual que engendró grandes civilizaciones, se ha degenerado en una región de gran conflicto en el mundo actual. Así que si la humanidad no está alerta, quizá se alteren las formas de pensamiento generadas por el Logos Planetario, los Maestros de Sabiduría y sus iniciados, incluso sin la presencia de las Fuerzas Oscuras, y conducirán a las Regiones Espirituales hacia un destino oscuro. Ha pasado muchas veces anteriormente.

Esta vez, sin embargo, es ligeramente diferente dado que muchos iniciados encarnados esperan mantener una comunicación cercana con la Jerarquía Espiritual.

El Panorama de los Cambios Geológicos

La creación de la sociedad de transición se llevará a cabo durante muchas décadas, incluso mientras los cambios geológicos lentamente convulsionan y limpian otras partes de la tierra. Cuando la humanidad entre gradualmente a la Nueva Era Dorada, tanto el plano astral terrestre como el cuerpo astral humano se eliminarán gradualmente, y la vida en la tierra se moverá al plano etérico. Mientras tanto, las Regiones Espirituales servirán como prototipos de lo que se volverá la tierra en los siglos por venir, así que el tipo de sociedad que la humanidad cree en estas regiones afectará la forma y la estructura de la Nueva Era Dorada.

El Papel del Oro en las Regiones Espirituales

Se espera que el oro juegue un papel importante en las Regiones Espirituales, no solamente como medio de intercambio sino también por su valor esotérico en la purificación, el equilibrio y la vivificación de las energías. Aquí hay una declaración acerca del oro que el Maestro Sanctus Germanus hizo hace muchas décadas:

> El oro era de uso corriente… en todas las Eras Doradas, a causa de su emanación natural es una energía o fuerza purificadora, equilibrante y vivificante. Está colocado dentro de la tierra por 'Los Señores de la Creación' – aquellos 'Grandes Seres de Vida y Amor' que crean y dirigen los mundos, los sistemas de mundos y la expansión de la luz sobre los seres.
>
> El conocimiento externo o intelectual de la humanidad posee poco – muy poco – entendimiento del propósito real por el cual el oro existe en este planeta. Crece dentro de la tierra como una planta, y a través de él se vierte constantemente un purificante equilibrio vivificante y una corriente de energía en el mismo suelo en el que caminamos, así como también en el crecimiento de la naturaleza y de la atmósfera que respiramos.
>
> El oro está colocado sobre este planeta para una variedad de usos, dos de los más triviales y sin importancia son el uso del oro como medio de intercambio y para la ornamentación. La más

grande actividad y propósito del oro, dentro y sobre la tierra, es la liberación de su propia cualidad inherente y energía para purificar, vitalizar y equilibrar la estructura atómica del mundo.

El mundo científico de hoy en día no tiene noción todavía de esta actividad. Sin embargo, sirve al mismo propósito para nuestra tierra como los calefactores en una casa. El oro es uno de los medios más importantes por los cuales la energía de nuestro sol alimenta el interior de la tierra y mantiene el equilibrio de las actividades. Como un transportador de esta energía, actúa como un transformador para pasar la fuerza del sol a la sustancia física de nuestro mundo, así como también a la vida evolucionando en su superficie. La energía dentro del oro en realidad es la fuerza radiante y electrónica del Sol, actuando en una octava más baja. El oro es llamado a veces "un rayo solar precipitado".

Como la energía dentro del oro es de un índice de vibración extremadamente elevado, solamente puede actuar sobre las expresiones más finas y más sutiles de vida, a través de la absorción. En todas las "Eras Doradas", este metal se vuelve abundante y de uso común por las masas, y cuando sea que ocurra tal condición, el desarrollo espiritual de esas personas alcanza un estado muy elevado. En estas eras, el oro *nunca* es atesorado sino, en cambio, es ampliamente distribuido para el uso de las masas quienes, absorbiendo su energía purificante, son elevadas hacia una perfección mayor. Tal es el correcto uso del oro, y cuando esta Ley se entiende y obedece conscientemente, el individuo puede atraer cualquier cantidad que desee para sí mismo a través del uso de esa Ley.

A causa de los depósitos de oro en todas las cadenas montañosas, uno encuentra salud y vigor en la vida en las montañas que no se puede encontrar en cualquier otro lugar de la superficie terrestre. Nadie ha escuchado jamás de efectos perjudiciales que lleguen a esos que constantemente manejan oro puro. Mientras está en su estado puro, el oro es suave y se desgasta fácilmente, y esta cualidad es conforme a su función, de la cual acabo de hablar.

Las más avanzadas de estas personas producían mucho oro por *precipitación* directa de lo Universal. Los domos de muchos edificios fueron cubiertos con hojas de oro puro y los interiores decorados con brillantes joyas en curiosos pero maravillosos diseños. Estas joyas también fueron precipitadas – directo de la Sustancia Eterna Única"[44]

Se asume que cada Región Espiritual estará dotada con una abundancia de oro, y ha sido designada por esta razón.

Energía Libre en las Regiones Espirituales

En el mismo orden de ideas que la importancia esotérica del oro, los modos de explotación de una cantidad ilimitada de energía electro-magnética libre proveniente de vibraciones energéticas naturales que nos rodean serán revelados y liberados en estas Regiones. La utilización de esta fuente de energía

[44] King, Godfre Ray, op.cit., pp.44-46

gratuita ha sido conocida por eones, pero las Fuerzas Oscuras han suprimido severamente este conocimiento para perpetuar un régimen de combustibles fósiles ligados a sus empresas hacedoras de dinero.

Los defensores de la energía libre traerán su tecnología a las Regiones Espirituales en donde será liberada para el beneficio de la sociedad. Nuevamente, los custodios de esta tecnología son los portadores de luz.

Las vibraciones positivas y moderadoras de la presencia del oro, combinadas con una ilimitada fuente de energía gratuita en las Regiones Espirituales, prometen quitar un peso de la espalda de la humanidad y permitirle concentrarse más en el camino espiritual en lugar de luchar diariamente por sobrevivir.

Los Portadores de Luz en las Regiones Espirituales

La Jerarquía Espiritual siempre ha reconocido que la evolución espiritual de un individuo puede progresar más rápido que la evolución de la humanidad. Es por esto que el Logos Planetario estableció el Sendero de Iniciación hace millones de años. Los rangos de la Jerarquía Espiritual de la tierra ahora están ocupados con seres humanos ordinarios quienes eligieron este Camino y atravesaron los rigores de incontables encarnaciones para calificar.

Cuando las Fuerzas Oscuras sean expulsadas de la tierra, las puertas al Sendero de Probación se abrirán de par en par para dar a todos los sobrevivientes igual oportunidad de comenzar el viaje de ascensión. Ciertamente, estimamos que la mayoría de los sobrevivientes ya habrán comenzado este viaje en vidas anteriores y han estado "sin hacer nada" durante esta encarnación.

Los portadores de luz de todos los grados y sus discípulos que se dirijan a las Regiones Espirituales encontrarán vibraciones superiores que harán salir muchas habilidades latentes y realzarán su trabajo como Magos Blancos. Estas cualidades etéricas darán forma a la sociedad de transición que ellos crearán.

Reducción de las Influencias Provenientes del Plano Astral

Las vibraciones superiores de los portales dimensionales necesariamente estimularán al cuerpo etérico y así reabrirán las facultades que la humanidad ha olvidado por mucho tiempo. Para que el cuerpo etérico juegue su verdadero papel como el controlador del cuerpo físico denso, los bloqueos puestos por el cuerpo astral deben ser eliminados. Este es uno de los resultados principales del actual proceso de depuración de lo que es llamado el Armagedón.

Para cuando comience la reconstrucción en las Regiones Espirituales, el cuerpo y plano astrales habrán experimentado una gran limpieza de las malévolas influencias conectadas a las Fuerzas Oscuras. La pesadez de la atmósfera que sentimos actualmente se hará ligera cuando lo más burdo de la materia astral sea limpiado o eliminado. La humanidad ahora podrá contemplar más claramente y con menos colorido astral las ideas o formas de pensamiento superiores que son transmitidas del cuerpo causal al mental y después al cuerpo etérico. Sin embargo, durante muchas de las décadas por venir, el cuerpo astral, aunque disminuido en su influencia, continuará tiñendo formas de pensamiento con colores y sentimientos de una naturaleza nostálgica, hasta que la humanidad deje ir los recuerdos de la era antes del pralaya y elija conscientemente trabajar con pensamientos que fluyan del plano mental. Este es un proceso de educación que se llevará a cabo en las Regiones Espirituales.

Los pensamientos más puros del plano mental están hechos de una materia etérica más fina que lo astral nunca podría imitar. El cuerpo etérico es bastante receptivo a ellos ya que transmiten una satisfacción y plenitud que el pensamiento astral nunca ha dado a la humanidad. Existe el peligro que, una vez que el plano astral haya sido limpiado de lo negativo, esas formas de pensamiento buenas, románticas y sentimentales restantes adormezcan a la humanidad en un estado de tranquilidad y oscurezcan las formas de pensamiento superiores del plano mental. Es de esta manera que el plano astral permanecerá tanto en una realidad inconsciente como consciente en las mentes de la humanidad por décadas, quizá siglos.

Su forma no se parecerá a lo que tenemos hoy en día – una pesada capa mugrienta y gruesa – sino más bien a una benigna capa delgada sobre lo etérico. Aquellos que estén en las Regiones Espirituales gradualmente conseguirán una aguda habilidad para distinguir entre las formas de pensamiento mentales y las astrales, y esta habilidad, por supuesto, dependerá de la receptividad de la humanidad a la nueva educación de la Jerarquía Espiritual. Anticipamos que no habrá atajos para la limpieza del plano y cuerpo astrales, sino que el proceso continuará por muchas décadas, quizá siglos, hasta que ya no exista más. La eliminación del plano astral será una marcada característica de la Nueva Era Dorada.

La Creciente Importancia del Cuerpo Etérico

Muchos de los primeros ocultistas trataron al cuerpo etérico como "el doble etérico" o esa forma física más ligera que formaba campos de energía alrededor del cuerpo y objetos físicos, el cual era responsable de atraer la energía del sol hacia el cuerpo físico. Los chinos llaman a esto *qi*, los hindúes *prana*, la ciencia moderna *bioplasma*. Actualmente, los científicos reconocen su existencia como lo hacen aquellos con visión etérica o clarividencia. El doble etérico era considerado más bien como un apéndice de lo físico en lugar de un cuerpo con su propia inteligencia como los cuerpos astral o mental. Sin embargo, las enseñanzas del Maestro Djwal Khul a través de Alice A. Bailey cambiaron esta percepción y plantearon que *el cuerpo etérico es, en realidad, el vehículo de forma verdadera y el cuerpo físico es simplemente su autómata*. En otras palabras, el cuerpo etérico controla y penetra, subyace y ocupa todo el organismo físico. También se extiende más allá de la forma física y la rodea como un aura.[45] Aquellos con facultades de clarividencia pueden observar el cuerpo etérico tan claramente como uno ve el cuerpo físico. Otros con desarrolladas facultades de sensibilidad pueden sentirlo incluso con sus manos.

[45] El nivel evolutivo propio determina cuán lejos se extiende el cuerpo etérico fuera del cuerpo físico, y puede extenderse a unas cuantas o muchas pulgadas.

Cuando nos embarquemos en la creación de la sociedad de transición, el cuerpo etérico surgirá como la forma primaria de expresión, y las facultades asociadas con este cuerpo jugarán un papel en la formación de una sociedad completamente diferente basada en lo bueno del pasado y en la intuición proveniente de las facultades mejoradas de la humanidad.

Las Cinco Facultades Etéricas en las Regiones Espirituales

Los portadores de luz avanzados que se establezcan en las Regiones Espirituales ya habrán desarrollado en un alto grado sus facultades etéricas como parte de su re-despertar. En los ambientes vibracionales superiores de las Regiones Espirituales, encontrarán que estas facultades alcanzarán su plenitud. Otros a lo largo del Sendero de Iniciación que se muden a las Regiones Espirituales descubrirán que su desarrollo espiritual avanza a un paso mucho más rápido.

Las cinco facultades etéricas – visión etérica, comunicación telepática, continuidad de conciencia, pensamiento multi-dimensional y precipitación – actualmente están más expandidas de lo que uno imagina. Uno solamente necesita pensar en la cantidad de psíquicos, médiums, intuitivos, sensibles, y aquellos que responden a un agudo "sexto sentido". Estos son los portadores de luz. Uno también debe notar que estas facultades están mucho más desarrolladas en la nueva raza entrante, la Sexta Raza Raíz.

Visión Etérica

La visión etérica es definida como la habilidad del ojo físico de ver vida en el plano etérico. El denso plano material en el cual basamos la mayoría de nuestras percepciones a través de los cinco sentidos no es nada más que una ilusión. La realidad, o la verdadera manifestación material de la vida, existe en el plano etérico o el doble etérico de la tierra. El Maestro Djwal Khul afirma lo siguiente:

> La visión etérica, o el poder de ver la sustancia de la energía, es la verdadera visión para el ser humano, así como la etérica es la verdadera forma. Pero hasta que la raza esté más evolucionada, el ojo solamente responde y es consciente de la vibración más pesada. Gradualmente se liberará de las reacciones inferiores y ordinarias, y se volverá un órgano de visión verdadera.[46]

Muchas personas hoy en día poseen la habilidad de ver etéricamente. Existe un creciente número de psíquicos y médiums así como también, de aquellos que practican varias modalidades de curación de energía que pueden percibir, ver o sentir el *prana* o campos de energía que constituyen el cuerpo etérico. Algunos pueden ver las matrices de energía compleja y la dinámica interacción de estas matrices de energía rodeando objetos vivientes tales como árboles y plantas. La visión etérica es, así, la forma más elevada de vista física, y constituirá una nueva y mayor dimensión que las personas explorarán en la sociedad de transición.

---

[46] Bailey, Alice A., *Tratado de Fuego Cósmico,* New York: Lucis Publishing, p. 1096.

Cuando el plano astral se desvanezca gradualmente, la realidad etérica que ha sido envuelta por la ilusión del plano físico saldrá más a la luz, y a través del sentido de la visión etérica, las personas de la Nueva Era Dorada percibirán las cosas y los objetos como formas de energía en lugar de los objetos sólidos que vemos hoy en día. Una casa será vista como un complejo de energías que pueden ser moldeadas en cualquier forma que la mente conciba. Las personas aprenderán a aprovechar y a trabajar con la materia etérica de la misma forma que aprendieron a trabajar con ladrillos y mortero.

Comunicación Telepática

Aquellos que vean etéricamente naturalmente desarrollarán la habilidad de transmitir y recibir información a través de caminos etéricos, los cuales sirven como las líneas de transmisión de comunicación telepática. Incluso hoy en día, esta habilidad se manifiesta ampliamente cuando más y más se dan cuenta del poder de la mente para comunicarse con otras mentes. Muchas personas que viven juntas se comunican telepáticamente. Muchos individuos encuentran más y más común que si simplemente piensan en un amigo, ese amigo los contactará posteriormente, aparentemente sin motivo. Otros que siguen corazonadas o su intuición están recibiendo mensajes telepáticos de sus guías o recogiendo información general de la conciencia general. Esas semillas de telepatía florecerán y crecerán plenamente y con precisión cuando la vida se desarrolle en las Regiones Espirituales.

La telepatía puede ser definida como transferencia de pensamiento entre dos personas o entre una persona y otro desencarnado inteligente en una dimensión diferente. Un pensamiento es enviado a un receptor, y éste lo acepta formando los átomos necesarios para transformar el pensamiento en un idioma que la mente consciente pueda entender. La telepatía es un modo natural de comunicación dentro del reino etérico y se ha vuelto más pronunciado en el plano terrestre mientras nos acercamos al 2012.

Durante la fase inicial de vida en las Regiones Espirituales, las comunicaciones se harán con los restantes sistemas inalámbricos actuales o incluso de onda corta. Estos sistemas eventualmente darán paso a un uso más perfeccionado de telepatía. Esta transición es muy parecida a la hecha de la máquina fax al uso del correo electrónico, cuando la confiabilidad de éste último fue demostrada y probada. Habrá un momento en el futuro cercano en que la exactitud telepática alcanzará un nivel en el que las personas serán capaces de fijar la fecha y el lugar de una reunión mentalmente y ambas partes estarán ahí, no por casualidad, sino por arreglos telepáticos hechos con anticipación. Más adelante, la telepatía constituirá un componente principal en la transferencia de formas de pensamiento entre los planos etérico y físico. También servirá para enlazar las Regiones Espirituales propagadas en toda la faz de la tierra durante el tiempo en que la superficie terrestre esté cambiando.

Continuidad de Conciencia

La continuidad de conciencia es definida como un recuerdo constante y secuencial de los mundos tanto interno como externo. Es el poder de estar completamente consciente de todos los acontecimientos en todas las esferas y departamentos del ser humano durante las veinticuatro horas del día.[47] Cuando esta habilidad se desarrolle, el cerebro será capaz de registrar simultáneamente reacciones de los cuerpos etérico, astral y mental. Y si cada uno de estos cuerpos internos está involucrado en tareas múltiples, el cerebro un día será capaz de registrar todas las actividades.

El desarrollo de esta habilidad dependerá de la medida en que el plano astral sea limpiado, puesto que lo que bloquea su actual manifestación es el oscuro estado de los sub-planos inferiores del plano astral.

Pensamiento Multi-Dimensional

La continuidad de conciencia lleva a un pensamiento multi-dimensional. Las vibraciones superiores eventualmente desafiarán el concepto de tiempo. ¿Qué ha hecho el tiempo por la humanidad sino mantener cada pensamiento en un patrón lineal? Con el concepto del tiempo cambiando a bloques de eventos cíclicos de acuerdo con la Ley del Sincronicidad, el pensamiento lineal dará paso al pensamiento multi-dimensional. Es lo que se necesita para completar tareas que hagan progresar al alma. Aquellos que estén en las Regiones Espirituales gradualmente prescindirán del pensamiento lineal y avanzarán al enfoque multi-dimensional que es difícil de describir con palabras.

Como un ejemplo, imaginen un vasto panal de abejas, todas en su lugar correcto, afanosamente haciendo lo que se necesita hacer, en lugar de ideas alineadas a lo largo de un sendero o camino esperando ser expresadas lógicamente cuando el

---

[47] Ibíd., p. 423

tiempo lo permita. Todas las formas de pensamiento en el panal están siendo expresadas y ENTENDIDAS consciente y simultáneamente, y así tiene lugar una vida multi-dimensional. O piensen en un árbol y en todas sus ramas con miles de hojas expresándose – hoja por hoja – todas al mismo tiempo. Cada hoja es parte del árbol pero la multi-expresividad del árbol, en un momento dado, es “la plenitud de la vida en él”. El pensamiento multi-dimensional es algo que la humanidad ha estado buscando por milenios, siendo la computadora de alto poder la predecesora de este fenómeno.

Las palabras no pueden expresar esta forma de pensamiento, pero nuestra ilustración alude a una imagen que se puede comprender hoy en día.

Habilidad para Precipitar

Cuando el reino humano recupere sus facultades etéricas, una vez más interactuará con los reinos elemental y angelical como lo hizo en Lemuria y en la Atlántida. Cuando el velo del desorden astral desaparezca del plano astral, los seres angelicales, las hadas, los devas y los menehunes se volverán más visibles y nosotros conscientemente compartiremos la vida con estos dos reinos. Ellos siempre han estado ahí, trabajando silenciosamente y sin el reconocimiento que se merecen por sus buenos trabajos, ya que la mente concreta de la humanidad se volvió más y más ciega para verlos. Ni que decir de los tres reinos – humano, angelical y elemental – trabajando juntos, la amplitud, la profundidad y la inteligencia de las Regiones Espirituales incrementará exponencialmente, y la sociedad de transición experimentará una revolución que la llevará a los umbrales de la Nueva Era Dorada.

La Precipitación y el Papel de los Elementales

La precipitación es simplemente pensar en algo y producirlo materialmente. En el denso mundo físico, debemos sacar nuestras herramientas de construcción para transformar ladrillos y mortero en una casa. En el mundo etérico, usaremos nuestras mentes para enlistar a elementales que construyan cosas para nosotros de acuerdo a nuestros planes. Henry Steel Olcott, el co-fundador de la Sociedad Teosófica, rememoró en *Hojas del Viejo Diario* cómo una noche mientras trabajaba con Helena Blavatsky en *Isis Sin Velo*, él simplemente dijo que sería bueno comer algunas uvas frescas. Era invierno y acababa de nevar. Todas las tiendas ya estaban cerradas en Nueva York. Madame Blavatsky, con una sigilosa sonrisa en su cara, le dijo que mirara en el estante detrás de él, en el que colgando en uno de los anaqueles estaban "dos grandes racimos de maduras uvas negras de Hamburgo", ¡las cuales ella le había pedido a los elementales que produjeran![48]

Las Regiones Espirituales, por necesidad, tendrán que ser auto-suficientes en sus necesidades básicas. Anticipamos que los adeptos en las Regiones Espirituales trabajarán con el reino elemental para precipitar la mayoría de los bienes que la región necesitará durante sus comienzos. Cuando el velo del *maya* se disipe y la humanidad recupere sus facultades etéricas de percepción, seremos capaces de interactuar con el reino elemental y pedirles que precipiten nuestras ideas. De esta manera, los conceptos de economía y finanzas como los

---

[48] Olcott, Henry Steel, *Hojas Del Viejo Diario, Vol. 1,* The Theosophical Publishing House, Adyar, Madras, India: 1900, pp. 16-17.

conocemos hoy en día llegarán a su fin. El suministro, entonces, siempre igualará la demanda.

El reino elemental trabaja hacia arriba, desde la inteligencia más pequeña hasta los constructores de nivel cósmico de la forma. Las inteligencias diminutas crean pequeñas formas como los pétalos de una flor, una brizna de pasto, una gota de rocío o un copo de nieve. Los constructores más avanzados pueden formas templos. Equipos de estas pequeñas inteligencias crean cuerpos humanos. Otras, tales como los devas de la naturaleza, crean montañas y ciudades, hasta que finalmente crecen para ser Observadores Silenciosos de un planeta, un sistema solar o una galaxia.

¿Cómo se relacionarán los elementales con la humanidad nuevamente, como cuando lo hicieron antes de que la tierra fuera acosada con el *Maya*? El ser humano tiene un cuerpo mental que, algún día, a través del poder magnético del YO SOY interno, atraerá elementales hacedores de la forma alrededor de una idea. Los elementales son, ante todo, seres mentales y como la humanidad también tiene la habilidad de trabajar en el plano mental, los dos se encontrarán ahí para crear formas.

Además, el hombre posee la facultad de los sentimientos y emociones que pueden añadir el elemento corazón en la mezcla antes de que tome forma. Aquí es donde la renovada interacción de la humanidad con el plano angelical se une. Los ángeles ponen la luz y el significado en la forma. Tomando y mezclando el elemento humano del corazón con la luz angelical de la belleza, el equilibrio y el color; la humanidad será capaz de precipitar lo que necesita y con ese toque extra que da vida y belleza a la precipitación.

La humanidad aprenderá a usar sus expandidas facultades etéricas para cooperar con los reinos elemental y angelical para controlar la energía a través del pensamiento y tener un patrón y diseño constructivos hasta que sea precipitado. Nosotros, entonces, disfrutaremos la perfección en los templos naturales – una manzana, una pera, un durazno, una uva, cuando las ideemos. El alcance de la creación, así, se vuelve infinito cuando cada individuo crea en función de la necesidad.

La Raza Entrante: Facultades Etéricas Naturales

Las cinco facultades etéricas están contenidas en la nueva raza, la Sexta Raza Raíz. La mayoría de los portadores de luz más viejos han encarnado en cuerpos de la séptima o última sub-raza de la Quinta Raza Raíz y deben revivir estas facultades elevando sus vibraciones. Pero los portadores de luz jóvenes que han encarnado en los cuerpos de la Sexta Raza Raíz encontrarán más fácil despertar estas facultades.

Encarnaciones de la Nueva Raza Posteriores a la Segunda Guerra Mundial

Las generaciones de portadores de luz posteriores a la Segunda Guerra Mundial que han contribuido a través de sus logros y desarrollo intelectual, se convertirán en los portadores de luz de mayor rango. La mayoría de estos portadores de luz eligieron cuerpos de la última sub-raza de la Quinta Raza Raíz. Estos vehículos representan la transición de la Quinta a la Sexta Raza Raíz, en la que ellos retienen su inclinación por el pensamiento concreto, no obstante pueden desarrollar facultades etéricas con el tiempo. Es generalmente durante su despertar y recuperación de los niveles de iniciación pasados que se vuelven evidentes sus habilidades etéricas.

Estas encarnaciones de la Quinta Raza Raíz representan a los portadores de luz de probada calidad que tomaron parte en la planificación original para este pralaya hace siglos y que han encarnado una y otra vez durante las pasadas ocho o diez generaciones para implementar las primeras disposiciones del plan. Sus más recientes encarnaciones fueron aquellas de la Sociedad Teosófica, los monjes budistas, los yoguis, los sufíes, y/o reformadores de otras religiones tradicionales. En esta encarnación, ellos ocupan puestos de tecnócratas, aprendiendo ciertos campos de pericia de la actual civilización que trasladarán y mejorarán a la era post catastrófica.

Estos líderes de la primera fila tienden a ser metafísicos así como también expertos en sus profesiones. Muchos son atraídos a las antiguas enseñanzas ocultas y quizá en algún tiempo de sus vidas se unan a una de las religiones tradicionales. Por su conocimiento del mundo y su experiencia en las prácticas religiosas tradicionales, ellos constituyen el “banco de recuerdo de la civilización” y jugarán un invaluable papel en las Regiones Espirituales para revisar y depurar eso que no sirve a la humanidad y lo que aún tiene potencial.

Las Encarnaciones de la Nueva Raza Posteriores a 1960

La ola de encarnaciones de la nueva raza posterior a 1960 está compuesta de 1) almas en el Sendero de Iniciación ó 2) almas de otras evoluciones avanzadas. Todas estas encarnaciones entrantes de la Sexta Raza Raíz poseen naturalmente habilidades etéricas tales como la clarividencia, la clariaudiencia y perceptibilidad al nacer. Además, las almas de evoluciones avanzadas traen tecnologías que todavía no son conocidas por esta civilización pero saldrán a la luz si elijen establecerse en las Regiones Espirituales. Este conocimiento deberá ayudar a la sociedad de transición para oponerse a toda posibilidad de perpetuación de los problemas más debilitantes del mundo actual tales como la pobreza, el hambre y la enfermedad.

Encarnar con estas habilidades, sin embargo, no garantiza que estos portadores de luz más nuevos estén en el Sendero de Iniciación. La clarividencia natural no hace a un portador de luz. Así como los portadores de luz más viejos, ellos deben atravesar el mismo proceso de prueba, de recuperación y de aceptación. No existe un atajo. Los Maestros de Sabiduría deben determinar su compromiso hacia su misión y hacia el servicio a la humanidad antes que puedan usarlos en cualquier posición de responsabilidad. Se les debe enseñar y dar la opción de servir para el beneficio de la humanidad. No todo el grupo posterior a 1960 elegirá este camino ya que han sido expuestos y sujetos, como toda la humanidad, a las opciones de la dualidad. Aquellos que conscientemente sirvan a la Jerarquía Espiritual mejorarán inmensamente al equipo en las Regiones Espirituales.

Estas encarnaciones son popularmente conocidas como los niños Índigo o Cristal. Habiendo encarnado entre los años 1960 y 1970, ellos han sido el blanco de las Fuerzas Oscuras y han sufrido más. Algunos eligieron padres que los criaron y prepararon para el servicio, otros llevaron vidas menos afortunadas. La mayoría batalló con el actual sistema educativo, el cual los consideró inadaptados y usó medicamentos para forzar su comportamiento hacia la conformidad. Algunos eligieron la ruta del abuso de las sustancias y muchos recurrieron al suicidio a causa de su inhabilidad para adaptarse. Demasiados han estado vagando sin rumbo fijo, buscando un significado.

A pesar de estas situaciones difíciles, los que han logrado superar estos retos constituirán la segunda fila de portadores de luz que contribuirán a la formación de la sociedad de transición. Ellos serán los padres de los niños de la Sexta Raza Raíz.

Será su deber y el de los ancianos, enseñar a los niños de la nueva raza cómo aplicar sus talentos para el bien de la humanidad y al servicio de la Jerarquía Espiritual. Si no, la utilización de estos talentos o habilidades violarán las Leyes Cósmicas de Contención y Reducción. La liberación de estos talentos sin dominio espiritual podría sabotear la marcha hacia la Nueva Era Dorada.

La Unión de los Tres Reinos de Evolución

Cuando el pensamiento de la Quinta Raza Raíz se volvió más y más concreto e intelectual, hizo a un lado la habilidad de la humanidad para comunicarse con los reinos elemental y angelical. Esto nos privó de la riqueza y el resplandor de la vida con estos reinos. El objetivo del Maestro Sanctus Germanus en la Nueva Era Dorada es establecer una hermandad de elementales, ángeles y humanidad. En las Regiones Espirituales los tres reinos – angelical, humano y elemental –venerarán juntos, servirán juntos y caminarán juntos por el sendero.

Estos reinos representan tres caminos paralelos de evolución bajo la autoridad del Logos Planetario, Sanat Kumara. El reino angelical está más avanzado que el reino humano, mientras que el reino humano tiene más expansión que las inteligencias elementales. Los elementales son inteligencias orientadas a tareas específicas que dan forma a los pensamientos. Como vimos anteriormente, éstos incluyen a los devas, nano inteligencias, elfos, menehunes y otras conciencias que nos ayudarán a construir la sociedad de transición.

El reino angelical también ha continuado sirviendo a la humanidad como virtuales desconocidos, deshonrados por la mente concreta, y relegados a la corta estación navideña que es cuando se les reconoce. En las Regiones Espirituales, los ángeles, los serafines y los querubines caminarán con la humanidad. Ellos existen solamente para difundir la naturaleza de Dios, la virtud de Dios. "¡Ellos no trabajan, ellos brillan!" Y con su luz, ellos enseñan y guían a la humanidad de vuelta al YO SOY interno. Los ángeles perciben a la humanidad solamente como luz y sombra, no como forma.

La conciencia del elemental es de sacrificar la libertad, la felicidad y la alegría para entrar en el patrón de pensamiento desarrollado por el hombre, dando forma a esa idea a través de sus vidas. La conciencia de los ángeles es de extraer el resplandor divino a través de la forma, dándole vida y bendiciéndola. Así que cuando los sentimientos y emociones astrales se disipen con el plano astral, la humanidad ya no reaccionará a las vastas oscilaciones del espectro emocional, sino que emanará resplandor angelical y sentimientos estables puros.

Las emanaciones angelicales, sus energías sanadoras y luz guiadora, en situaciones desde la más simple a las más compleja concerniente a la vida en las Regiones Espirituales, tendrán un tranquilizante y estabilizador efecto en la sociedad. Con la presencia y la interacción con el reino angelical, ¿qué podría salir mal? Cuanto más grande sea el papel que se le permita jugar al reino Angelical en la sociedad de transición, mayor es la oportunidad de que la humanidad logre ese Eón de paz en la Nueva Era Dorada.

Tocando lo Etérico

La reactivación de las cinco facultades etéricas de la humanidad, la nueva raza entrante con sus talentos y habilidades mejoradas y la consciente coexistencia con los reinos elemental y angelical, todas respaldan una existencia más etérica. De hecho, uno podría caracterizar las Regiones Espirituales por sus "transiciones" de dimensión. La estructura Jerárquica Espiritual se extenderá hacia lo etérico mientras que el plano físico lo alcanzará. Los adeptos y portadores de luz tanto encarnados como desencarnados de la Jerarquía Espiritual expandiéndose en estos planos llevarán a las poblaciones de las Regiones

Espirituales a la realización del Plan Divino que está diseñado para cada área.

Aunque mucha de la vida Espiritual Regional en los años iniciales tendrá lugar en el nivel físico denso, los portadores de luz involucrados en la planeación y en la toma de decisiones se expandirán en las dos dimensiones. Si todo sale de acuerdo al Plan, la sociedad de transición gradualmente perderá su naturaleza física densa y operará completamente en el nivel etérico, y cuando cada nueva generación tome el mando, trabajar en el plano etérico se volverá más y más natural hasta que toda la sociedad de transición sea capaz de operar ante todo en el plano etérico.

Con el paso del tiempo, la sociedad de transición irá desapareciendo poco a poco y toda la civilización de la Nueva Era Dorada existirá en lo etérico. Todo ha sido meticulosamente planeado a lo largo de los siglos para esta ocasión y la intensa participación de la Jerarquía Espiritual, principalmente en lo etérico, reducirá grandemente el caos durante este período.

La Tierra Misma se Vuelve Más Etérica

Mientras esta evolución se esté llevando a cabo en las Regiones Espirituales, la tierra continuará experimentando convulsiones físicas mayores y más limpieza de su plano astral. La tierra física misma parecerá contraerse cuando su cuerpo etérico tome más prominencia. A lo largo de los siglos, la tierra física, así, parecerá girar más rápido, crear vibraciones aún más altas y un sentido del tiempo más rápido. A nivel microcósmico, el mismo fenómeno será observado cuando nuestros cuerpos físicos se vuelvan menos evidentes y las facultades etéricas comiencen a tomar más importancia.

Cuando la tierra ascienda, las vibraciones de su plano etérico incrementarán, lo cual necesariamente afectará a los cuerpos etéricos de la humanidad. Cuando estas energías siempre superiores penetren el cuerpo físico denso a través del cuerpo etérico, éste debería volverse más ligero y contraído, así como se contrae el cuerpo físico terrestre. Éste se beneficiará, así, más fácilmente de la afluencia del *prana* del Sol. Una Nueva Era Dorada, basada más en las cualidades etéricas del cuerpo será revolucionaria, comparada a la actual civilización.

La Interacción con la Jerarquía Espiritual

La agudeza de las facultades etéricas en las Regiones Espirituales realzará grandemente la habilidad de las poblaciones para comunicarse con la Jerarquía Espiritual. También evitará la necesidad de los Maestros de la Sabiduría de gastar una gran cantidad de energía para manifestarse en la materia física densa. Ellos también pueden tomar cuerpos de materia etérica para trabajar en el centro de la Jerarquía, Shamballa, en el plano etérico.

Los proyectos emprendidos en las Regiones Espirituales durante el Período de Reconstrucción requerirán una interacción cercana con la Jerarquía Espiritual, realzados por el hecho de que la mayoría de los habitantes poseerán estas cinco facultades. Discutiremos más la cercana interacción entre los adeptos y los portadores de luz en la tierra y la Jerarquía Espiritual en el Capítulo 8.

El Shamballa "Regresa" al Polo Norte

Cuando se vuelva claro que la sociedad de transición está progresando hacia una existencia más etérica, los portadores de luz serán impulsados a comenzar la construcción de la treceava Región Espiritual, la capital de la Nueva Era Dorada. La capital va a estar localizada bajo el Shamballa, y los portadores de luz de todas las Regiones Espirituales decidirán la ubicación exacta.

La tradición oculta ha especulado que la sede mística de la Jerarquía Espiritual, el Shamballa, está situada sobre la cadena montañosa del Himalaya o ligeramente al norte sobre Asia central. En el actual ciclo, se estima que en el momento de desalineación máxima entre los dos ejes, el Shamballa estuvo ubicado tan alejado como en las puntas del norte del Himalaya, en lugar de estar sobre el Polo Norte. Como la tierra ya ha comenzado a cambiar para alinearse con su doble etérico, la ubicación del Shamballa a lo largo de los siglos también parece estar cambiando.

Cuando los polos terrestres finalmente se hayan alineado con los etéricos, el Shamballa deberá estar ubicado sobre lo que hoy es el Polo Norte. En este punto, otra era de iluminación máxima en la tierra se abrirá a una Nueva Era Dorada de contacto entre el Shamballa y el plano terrestre, especialmente en las Regiones Espirituales

CAPÍTULO 8

Período de Reconstrucción III

Funcionamiento de la Sociedad de Transición

La estructura básica de la sociedad de transición estará compuesta de 1) una jerarquía gubernamental mínima y 2) un vasto y libre sector de actividad en donde los residentes tengan completa libertad de vivir como les plazca. Toda la sociedad caerá bajo la ley cósmica.

Tal sociedad servirá como un modelo para la entrante Nueva Era Dorada. Sin embargo, solamente podemos indicar la estructura básica dentro de la cual operará. El cómo evolucionará al final se dejará a la infinita creatividad de los habitantes de las Regiones Espirituales. En el capítulo anterior hemos indicado que la humanidad recuperará las habilidades etéricas que afectarán profundamente las funciones de la sociedad de transición. Así que solamente podemos proyectar una visión provisional ya que todo su futuro y forma descansa en las manos de los residentes. La Jerarquía Espiritual solamente puede guiar, puesto que el principio del libre albedrío todavía estará vigente durante la Nueva Era Dorada.

Estructura Gubernamental: el Principio de la Jerarquía en Acción

Aquellos que se muden a las Regiones Espirituales experimentarán una interacción activa con la Jerarquía Espiritual, en donde Sus adeptos han sido colocados como una extensión de Su estructura en el plano terrestre. Anteriormente indicamos que las antiguas sociedades secretas ligadas a las Hermandad de la Luz o a la Jerarquía Espiritual ya han sido activadas, y que los adeptos de estas sociedades ahora se están moviendo hacia las Regiones Espirituales en preparación para los desplazamientos de la población. Estos adeptos, presentándose como ciudadanos ordinarios de la región, trabajarán tranquilamente y sin fanfarria con los portadores de luz y sus seguidores para preparar a las Regiones Espirituales para recibir y establecer a aquellos que se muden de las tierras bajas.

La estructura gubernamental en las Regiones Espirituales reflejará esa de la Jerarquía, la cual es esencialmente una estructura jerárquica centralizada y de consulta. Mientras que esta estructura implica un gobierno de arriba hacia abajo, sus actividades y movimientos principales promueven movilidad hacia arriba, es decir, al desarrollo espiritual.

Incluso los grupos serán clasificados en la orden jerárquica y su organización interna también seguirá los mismos principios jerárquicos que comprenderán el Orden del Universo.

En tal Jerarquía siempre hay uno que está en un peldaño superior, protegiendo y supervisando el bienestar de aquellos en peldaños inferiores. Así que en cualquier nivel de la jerarquía, el jerarca benevolentemente cuida y educa a aquellos que están abajo – nunca opresivo, a veces estricto, no obstante aplicando el principio del amor con cuidadosa guía –

todo lo cual promueve la evolución de un peldaño inferior a los peldaños superiores. Todos son un jerarca, y todos están bajo un jerarca.

El movimiento ascendente promueve la Liberación del Alma, la razón de ser de la Jerarquía en nuestro planeta. Este mismo principio aplicará a toda la actividad grupal, grande o pequeña. Todas las organizaciones y su jerarquía de liderazgo, sin importar la actividad, de alguna manera deberían promover la Liberación del Alma, y esta liberación implica el movimiento hacia arriba en la escala jerárquica.

Uno de los grandes miedos que permanece en el portador de luz hoy en día es la característica opresiva que las jerarquías pueden o han tomado durante la actual era. La jerarquía, como se interpreta en el plano terrestre, ha resultado en algunos de los regímenes dictatoriales y monárquicos más opresivos que la humanidad jamás haya inventado. La historia moderna registra países con regímenes jerárquicos dictatoriales como la Unión Soviética y China, sin mencionar la mezquina dictadura despiadada en América del Sur, África y Asia. Incluso estructuras mundiales democráticamente electas han sido corruptas hasta el punto en que ahora ellas anulan la voz de su gente para hacer guerras y oprimir. Las estructuras alternativas organizacionales planas u horizontales, con las cuales la humanidad experimentó para vencer la naturaleza opresora de los monarcas o dictadores, se han marchitado, infructuosamente.

Así que las personas de mente democrática quienes temen el regreso de una jerarquía teocrática dictadora lo hacen basados en las miserables experiencias de la historia de la humanidad. Aquí debemos dirigir nuestra atención a las leyes cósmicas resumidas arriba. Las Leyes del Abandono y del Movimiento Inverso se aplican en este caso. Existe una necesidad de romper con las experiencias disfuncionales del pasado para permitir la completa expresión de una consagrada estructura divina eche raíces.

La Jerarquía Gubernamental de las Regiones Espirituales

Guiada por el principio de que la estructura gubernamental más ligera es lo mejor para una sociedad cuyo objetivo es fomentar la Liberación del Alma, la siguiente estructura gubernamental aplicaría a las Regiones Espirituales, sujeta a la aprobación de las personas:

El Consejo de Adeptos
|
Director Representante
|
Consejo Gobernante de Cada Región Espiritual (Iniciados de 4to Nivel)
|
Grupos de Trabajo (iniciados de 3er Nivel)
Vivienda, Alimento y Agricultura, Educación, Cultura, etc.
|
Grupos específicos múltiples establecidos para lograr ciertas tareas

El Consejo de Adeptos

El Consejo de Adeptos estará compuesto por adeptos espirituales que actualmente trabajan en el plano terrestre. Estos adeptos van a ser identificados por el Maestro Sanctus Germanus y representarán a la Jerarquía Espiritual en la tierra. El Consejo de Adeptos operará como un consejo de ancianos para dar consejo y entendimiento a las Regiones Espirituales en todas las cuestiones.

El Consejo de Adeptos guiará el establecimiento de todas las Regiones Espirituales en sus comienzos. Una vez que la jerarquía para cada Región Espiritual esté establecida, el Consejo se ocupará principalmente de las relaciones entre las Regiones Espirituales, las cuales pueden incluir cualquier cosa, desde comercio hasta intercambios culturales. También nombrará al Director Representante de cada Región y él o ella será capaz de pedir asesoramiento al Consejo con respecto a cualquier decisión a tomarse.

El Consejo eventualmente funcionará fuera de la capital de la Nueva Era Dorada, la cual será construida en el Norte de Canadá o en Groenlandia, dependiendo de lo que resulte durante el transcurso de los años. La capital estará localizada bajo la ciudad etérica del Shamballa.

Como en todas las organizaciones o grupos en el plano terrestre, habrá un Consejo contraparte en la zona de trabajo etérica, de acuerdo con esa en la tierra, pero es, por supuesto, el Consejo terrestre el que tendrá la última palabra. Los miembros del Consejo de Adeptos demostrarán su facilidad para expandirse en ambos planos y se comunicarán libremente con sus contrapartes etéricas como colegas iguales actuando desde perspectivas diferentes.

Las comunicaciones entre el Consejo y su contraparte etérica estarán abiertas al público a través de portadores de luz sirviendo como intérpretes telepáticos. La telepatía eventualmente se volverá el único modo de comunicación ya que garantiza franqueza en el gobierno.

Cuando las funciones del Consejo incrementen con el tiempo, debido a la aumentada interacción entre las Regiones Espirituales, su futura forma administrativa estará basada en los principios superiores de una organización jerárquica como lo practicaba la Jerarquía Espiritual. No habrá burocracias.

El Director Representante de la Región Espiritual

La Jerarquía y el Consejo de Adeptos nombrará un Director Representante para guiar cada Región Espiritual. El Director Representante muy probablemente será un Adepto de nivel de Maestro, manifestándose tanto en formas masculinas como femeninas, desde la rama regional de la Hermandad de la Luz.[49]

Aunque aparezca en persona para esta función, el Director Representante muy probablemente será un inmortal capaz de manifestarse dentro y fuera del cuerpo físico a voluntad y cuando sea necesario. Este Adepto Maestro servirá como la máxima autoridad terrestre en la Región Espiritual, y pronunciará la última palabra en cualquier decisión importante con respecto a la Región Espiritual. Su mandato será dado por la Jerarquía Espiritual, asegurando la pureza de gobierno.

---

[49] La Hermandad de la Luz tiene ramas regionales por todo el mundo, p. ej. La Rama de Luxor, Egipto, la Rama de América del Sur y la Rama de América del Norte por nombrar algunas.

Mientras que el Director Representante funciona como la cabeza moral y espiritual, las decisiones operacionales diarias serán relegadas al Consejo Gobernante de cada Región. Si se llegara a un punto muerto en cualquier situación, el Director Representante emitirá el voto de desempate.

Aunque represente una autoridad superior, el Consejo de Adeptos no puede anular ninguna decisión tomada por el Director Representante y por los Consejos Gobernantes de las Regiones Espirituales ya que cada región debe ser responsable de sus propias decisiones.

El Director Representante representa y garantiza la total transparencia para todas las personas de la Región Espiritual, puesto que ningún secreto o motivos ocultos entre todos los niveles de liderazgo se esconderán del público, debido a las crecientes habilidades mentales y clarividencia.

El Consejo Gobernante de la Región Espiritual

Un consejo gobernante guiará las operaciones diarias de las Regiones Espirituales. Los portadores de luz de tercer y cuarto nivel de iniciación de la Jerarquía Espiritual servirán a los Consejos Gobernantes.

El Director Representante nombrará a los miembros del Consejo Gobernante de una cantidad de voluntarios de acuerdo a su nivel de desarrollo espiritual, como fue registrado meticulosamente en el Salón de los Registros en el Shamballa. La popularidad no es un criterio. Los miembros del consejo representarán cada camino de vida. Ellos encarnarán la experiencia, el conocimiento terrestre y una habilidad para practicar la Magia Blanca. Ellos poseerán todas las facultades básicas de la vista etérica, la clarividencia, los poderes telepáticos, la continuidad de conciencia y la precipitación para habilitar una interacción activa con sus contrapartes etéricas de la Jerarquía Espiritual, quienes les harán comentarios y les aconsejarán sin anular sus inherentes derechos de libre albedrío.

Los Consejos Gobernantes funcionarán de manera bastante diferente de los gobiernos locales de hoy en día. Primero, habrá una homogeneidad general entre los miembros según la Ley de la Atracción. Aunque las diferencias existirán, no resultarán en grupos de intereses bélicos y particulares. Las diferencias, en lugar de ser dicótomas, serán vistas como otra faceta de una situación, realzándola con sustancia y profundidad. Segundo, la significativa reducción de la población aliviará el estrés en las estructuras gobernantes, permitiéndoles ser eficientes – una gran diferencia a las quejosas burocracias que vemos en la tierra hoy en día. Tercero, y más importante, las cinco facultades etéricas desarrolladas garantizarán sinceridad.

Los portadores de luz traerán sus experiencias ganadas con esfuerzo a la mesa de discusión en todos los diferentes campos, mientras que sus contrapartes etéricas también contribuirán con su eterna perspectiva y experiencia práctica ganada de las encarnaciones pasadas. La comunicación entre los dos planos será perfeccionada cuando ambos constituyentes se encuentren expandiéndose en las dos dimensiones.

Para asegurar la comunicación inter-dimensional en el Consejo Gobernante, un grupo de adeptos telepáticamente sensibles y espiritualmente avanzados será responsable de mantener la telepatía entre las Regiones Espirituales. Ellos desarrollarán métodos para incrementar la exactitud de mensajes entre dos grupos.

Así, la comunicación telepática resultará en una sociedad "abierta" completamente nueva hasta este momento no vista. Revolucionará al gobierno y eliminará la política, porque ningún secreto puede ocultarse a los gobernados. Esta sola facultad revolucionará la sociedad como la conocemos actualmente y ayudará a crear la muy prometida Era Dorada.

Grupos de Tarea Específica Bajo el Consejo Gobernante

Hoy en día, los negocios, las iglesias, las instituciones benéficas e instituciones similares se unen en un entorno que promueve la división. La norma aceptada dicta que existen fuerzas constantes trabajando para disolver grupos – desacuerdos, discrepancia de objetivos (generalmente egoístas) – un tira y afloja para que cada grupo pierda su dinamismo y, en caso de permanecer unidos, alcancen el común denominador más bajo igual a lo que vemos en las burocracias – un adormecimiento general y una mediocridad de propósito y acción con excelencia e innovación restringidas por la inercia y el miedo. La Ley cósmica de la Atracción determinará la membresía en un grupo de Región Espiritual, y mucho del conflicto y desacuerdo que es característico de la actividad grupal actual serán minimizados o eliminados.

Los sobrevivientes que surjan de una década de cambios terrestres iniciales habrán aprendido una lección monumental de cooperación grupal, puesto que su supervivencia habrá dependido de esa cooperación. El "trauma" romperá la perspectiva del fuerte individualismo a favor de la acción compartida. Incluso antes de llegar a las Regiones Espirituales, es probable que pequeños grupos de portadores de luz ya se hayan formado. Durante sus viajes, fuertes lazos se habrán formado en cada grupo. Siendo guiados a las Regiones Espirituales sin acceso a las comunicaciones convencionales, muchos sobrevivientes habrán confiado en la comunicación telepática a través de los canales etéricos para alcanzar su destino.

En la sociedad de transición, los grupos y las organizaciones bajo la jerarquía gobernante serán basados sobre determinadas tareas. Una vez que la tarea haya sido completada, el grupo se disolverá, eliminando la necesidad de burocracias de múltiples capas que perduran y consumen.

Sin importar cuál sea el propósito funcional de un grupo, su actividad debe contribuir de alguna manera al objetivo final de la Región Espiritual: la Liberación del Alma. Esta meta atará todas las actividades en la Región para que exista coherencia entre las actividades de la sociedad de transición.

Todos los grupos tendrán contrapartes en la dimensión etérica. Los ashrams etéricos bajo la guía de ciertos Maestros serán la base de la formación grupal en el plano terrestre. Algunos miembros pueden elegir tomar formas etéricas en el plano etérico para comunicarse mejor con sus compañeros en el plano físico. Esta mezcla de miembros etéricos y físicos en cada grupo caracterizará todas las formaciones grupales en las Regiones Espirituales. Si un grupo de sanadores se forma en las Regiones Espirituales, los sanadores experimentados de las dimensiones superiores se unirán a ellos en el plano etérico. Si un grupo de ingenieros se forma para construir una estructura, los ingenieros en espíritu cooperarán.

La Naturaleza de Transición de la Estructura Gobernante

En este sistema de gobierno jerárquico, desde el Consejo de Adeptos hasta el Consejo Gobernante de la Región Espiritual y los grupos de tareas, se requerirá una visión iluminada de jerarquía. Cuando son vistos como extensiones de la Jerarquía Espiritual en los planos etéricos y físicos, nunca pueden ser opresores, puesto que ellos solamente promueven el movimiento ascendente.

Se necesitará establecer el orden, inicialmente, con la fuerte presencia de los miembros de la Jerarquía. Dado el potencial caos del período, será necesaria la intensa nutrición espiritual para restaurar el orden después de la inicial etapa destructiva del pralaya. Los tres niveles de gobierno beneficiarán de esta guía ya que es vertida desde sus contrapartes de la Jerarquía Espiritual en el plano etérico.

Cuando los líderes Regionales ganen confianza y un apoyo en sus funciones, más y más responsabilidad caerá sobre las siguientes generaciones cuando los Maestros y adeptos gradualmente se retiren y permitan que el ímpetu ascendente de la iniciación alimente los rangos del gobierno. Es concebible que el Director Representante provenga algún día de las filas de los portadores de luz terrestres del Cuarto nivel.

Pero también es posible que los líderes terrestres se cansen o conspiren para bloquear la influencia de sus contrapartes etéricas y emprendan el camino por sí mismos. Esto ha sucedido en las pasadas civilizaciones cuando la sociedad dio rienda suelta a las iniciativas tanto sensuales como egoístas. En este caso, las contrapartes etéricas se retirarán y dejarán que el libre albedrío de la humanidad se exprese.

Capacidades de los Líderes Gobernantes

El Director Representante de las Regiones Espirituales será elegido de entre dos tipos: 1) Maestros que hayan tomado cuerpos físicos y hayan trabajado por siglos en el plano terrestre y 2) Maestros que hayan estado trabajando con los portadores de luz del plano mental en este pralaya y que tomarán vehículos etéricos semi-físicos para operar en las Regiones Espirituales.

Otros líderes en el Consejo Gobernante de la Región Espiritual y en los grupos de tarea específica saldrán de los rangos de los portadores de luz/iniciados de Cuarto y Tercer nivel. El criterio para el liderazgo surgirá de su conocimiento de un cierto campo de pericia y su dominio de Magia Blanca. El liderazgo en las Regiones Espirituales será redefinido, poniendo las capacidades espirituales de uno por delante de la pericia. La combinación será poderosa, especialmente cuando esté alineada con los objetivos del Plan Divino.

Portadores de Luz-Iniciados de Cuarto Nivel en Encarnación[50]

Muchos iniciados de Cuarto nivel han sacrificado su evolución adicional en los planos espirituales para regresar a trabajar para la humanidad como portadores de luz durante este pralaya. Estos portadores de luz-iniciados llenarán los rangos del Consejo Gobernante. Su recorrido a este punto podría describirse como sigue:

> La vida del hombre que toma la cuarta iniciación, llamada la Crucifixión, generalmente es una de gran sacrificio y sufrimiento. Es la vida del hombre que hace la Gran Renuncia, e incluso externamente es vista como agotadora, difícil y dolorosa. Él ha puesto todo, incluso su personalidad perfeccionada, sobre el altar del sacrificio, y permanece privado de todo. Él renunció a todo, a los amigos, al dinero, a la reputación, al carácter, al estar en el mundo, a la familia e incluso a la vida misma.[51]

Muchos de estos renunciantes pueden encontrarse entre los místicos de las religiones tradicionales del mundo, sin embargo, también hay muchos iniciados de cuarto nivel que llevan vidas de renuncia en un contexto no religioso. Ellos pueden ser encontrados en casi todos los caminos de la vida, con frecuencia camuflados como aquellos tranquilos trabajadores de la luz escondidos en los salones del poder y la

---

[50] Para una descripción de los niveles de iniciación, por favor refiérase a la *Iniciación Humana y Solar* de Alice A. Bailey', Lucis Trust, New York y a *Los Maestros y el Sendero* de C.W. Leadbeater, Theosophical Society: Adyar, India

[51] Bailey, Alice A. *Iniciación Humana y Solar,* New York: Lucis Trust, p. 90.

influencia. Aquellos que tienen altas posiciones en el gobierno y en las finanzas exteriormente parecen como sus colegas de las Fuerzas Oscuras, pero internamente hacen mucho por moderar el mal que es cometido. ¡Tal es su sacrificio y sufrimiento puesto que viven día a día al borde de la crucifixión! Cuando las Fuerzas Oscuras sean derrotadas, estos portadores de luz-iniciados surgirán triunfantes para guiar con una perspectiva que sea astuta y al mismo tiempo leal a los principios espirituales del Plan Divino. Ellos hablarán del pasado con la autoridad de la experiencia y la prueba. Y recurrirán a esta experiencia para transferir a la Nueva Era Dorada esa parte de la evolución de la humanidad que es buena y positiva.

Una vez que estén en las Regiones Espirituales, estos portadores de luz-iniciados de cuarto nivel servirán de enlace entre sus ashrams correspondientes en la Jerarquía Espiritual y el plano terrestre, y como líderes. Preparados para trabajar tanto en el plano etérico como en el físico, antes de ir a las Regiones Espirituales, los portadores de luz-iniciados se asegurarán de que los planes y las sugerencias de la jerarquía estén claramente articulados para las poblaciones de las áreas seguras.

Portadores de Luz-Iniciados de Tercer Nivel en Encarnación

Los portadores de luz de tercer nivel penetran cada campo de realización mundano, dominando las ciencias, la economía, la política, los negocios, la banca, las finanzas, etc. Algunos incluso trabajan como corredores de valores o de bolsa. Éstos son los raros que silenciosamente sienten que no son parte del mundo corporativo o que no son parte de su comunidad científica pero aún practican o contribuyen a su campo particular de actividad. No obstante, la mayoría tiene una inquietante sensación de que hay algo más en la vida. Su búsqueda primero los lleva a una indagación pasajera y vana de la verdad en las iglesias y templos tradicionales.

Su sentimiento de desapego surge del hecho de que sus Seres Superiores están en sintonía con las dimensiones superiores durante las horas de sueño mientras que durante las horas conscientes, se dan cuenta muy bien de algo que es más grande que ellos mismos. Aquí es donde sus carreras entran en conflicto con sus corazones. Muchos sufren silenciosamente, no obstante, sobresalen dentro de los confines de las organizaciones humanas hasta que reciben la señal de los salones santificados de las dimensiones superiores de que es tiempo de separarse de sus carreras y comenzar un nuevo ciclo. Ellos son la fruta madura lista para cosecharse, preparados en cada campo de actividad para el divino desarrollo futuro durante el período de reconstrucción: un Ejército de Portadores de Luz, con experiencia para que el gran plan se lleve a cabo.

En la tercera iniciación, a veces llamada Transfiguración, toda la personalidad es inundada con luz que viene de arriba. Es solamente después de esta iniciación que la Mónada está guiando definitivamente a la personalidad. El portador de luz-iniciado todo el tiempo está en una posición de reconocer a los otros miembros de la Jerarquía Espiritual, y sus facultades psíquicas son estimuladas por la vivificación de los *centros principales*. La intuición espiritual, la clariaudiencia y la clarividencia son despertadas cuando el cuerpo está puro, el cuerpo astral estable y el cuerpo mental bajo control. En este punto el iniciado está listo para usar las facultades psíquicas sabiamente para la ayuda de la raza.[52]

En las Regiones Espirituales los portadores de luz-iniciados del tercer nivel llenarán todas las posiciones de liderazgo, ya sea en la Jerarquía Gobernante o en el Sector Libre. Para este tiempo ellos llevarán conocimiento, tanto esotérico como mundano, que les permitirá guiar grupos y proyectos. Ellos organizarán y se encargarán del funcionamiento diario de los consejos y grupos locales. Éstos son el equivalente del "tecnócrata" esotérico que puede trabajar para implementar proyectos tanto de los planos físico como etérico.

Portadores de Luz de Primer y Segundo Nivel

Existe un gran número de estos portadores de luz-iniciados que sienten un llamado del interior, no obstante, responden más al llamado del exterior. La mayoría lucha con los problemas planteados por el cuerpo físico denso y por una personalidad que está cargada con dudas de sí mismo, racionalización mental, emociones y confusiones astrales; no obstante, en lo más profundo ellos saben que "algo" va a ocurrir. Éstos son "los que no han hecho nada", los no comprometidos que plantean interminables preguntas esperando encontrar la respuesta que desean escuchar – principalmente esa de que "todo va estar bien". Si ellos eligen unirse a la vida en las Regiones Espirituales, su proceso de iniciación se acelerará, y quizá se encuentren manejando más de una iniciación en una vida. Para que esto suceda se requiere compromiso al Plan, no en palabras sino en

---

[52] Ibídem., p. 87

acción, y esto es lo que puede obstaculizar su progreso. A veces ellos piden un compromiso en sus términos, cómodos y sin trastornos. Pero en la era posterior a las Grandes Inundaciones, serán sacudidos hacia el compromiso o desaparecerán de la tierra con los demás.

El Sector Libre

Todos los demás residentes de todos los planos que no estén comprometidos en la jerarquía gobernante serán libres de vivir como elijan. Pueden formar instituciones de aprendizaje, proporcionar una multitud de servicios para otros, formar relaciones con amigos y enemigos pasados, formar actividades grupales de todo el rango de esfuerzo humano – una vida completa. Este será el Sector Libre.

Muchos de los líderes en el Sector Libre provendrán de las filas de los portadores de luz-iniciados del tercer nivel.

Proyectemos cómo puede lucir la Sección Libre en la sociedad de transición examinándola desde el punto de vista de nuestras actividades tradicionales como la economía, la salud, la educación y la vida espiritual:

1. La Economía: Bienes, Servicios y Precipitación

En la sociedad de transición muchos ofrecerán naturalmente sus servicios para construir lo que se necesita para el bien común. Si un camino, una escuela o cualquier proyecto para el bien común de la sociedad necesitan ser construidos, los arquitectos, los ingenieros y los obreros hábiles en la construcción ofrecerán sus servicios.

Los residentes de las Regiones Espirituales tendrán la oportunidad de re-evaluar lo que necesitan en contraposición a lo que desean. La limpieza del plano astral y de los cuerpos astrales individuales reducirá lo que es deseado a lo esencial. El consumo excesivo ya no agobiará a la sociedad y la "urgencia por comprar" será transformada en una urgencia por servir. La gente satisfará sus necesidades a través de la abundancia de recursos disponibles para ellos en las Regiones Espirituales, pero al mismo tiempo, sus necesidades se reducirán mucho. Por ejemplo, comerán menos, alimentándose del nuevo influjo de *prana* en lugar de la comida. Y cuando la sociedad de transición avance, los residentes ganarán la habilidad de precipitar lo básico de la materia etérica.

El Suministro a través de la Precipitación

Durante el período inicial en las Regiones Espirituales, los adeptos de la Jerarquía alimentarán a las personas muy parecido a como el Maestro Jesús alimentó multitudes – a través de la precipitación. Ellos darán el ejemplo de lo que está por venir. Todos los miembros de la sociedad de transición aprenderán a precipitar las necesidades básicas a través de la educación, el desarrollo espiritual y del reconocimiento del papel hacedor de formas de los elementales.

La precipitación es dar forma al pensamiento. En las Regiones Espirituales daremos forma al pensamiento a través de la materia tanto densa como etérica. Los átomos, una forma de materia densa, rodean una forma de pensamiento y un objeto sólido es creado. Un pensamiento en la mente de un ingeniero eventualmente se convierte en un automóvil. Otro pensamiento en la mente de un diseñador se vuelve un vestido. En nuestro mundo, los pensamientos eventualmente se precipitan en materia densa.

Los pensamientos también pueden manifestarse a través de la materia etérica; de hecho, la mayoría de los pensamientos que fluyen del alma existen primero en lo etérico antes de manifestarse en la materia densa. Una ventaja de las formas de pensamiento etéricas es que pueden ser transmitidas telepáticamente de una ubicación a otra. Un día será común recibir tanto mensajes como objetos telepáticos a través de vías de circulación etéricas. Cuando la visión etérica se vuelva más y más aguda, veremos y nos beneficiaremos de las materializaciones etéricas y eventualmente prescindiremos del mundo material denso. Sin embargo, en la sociedad de transición habrá una mezcla de lo precipitado y lo material antes de que sea reconocida la completa precipitación etérica.

Cuando todos desarrollen la habilidad de precipitar, será la solución final para todas las necesidades. Incluso hoy, muchos portadores de luz que quizá estén luchando financieramente pueden, de repente, encontrar recursos a su disposición: una herencia, una buena inversión e incluso dinero que aparece de la nada. Es común en nuestro mundo experimentar la precipitación, y nos beneficiaremos de este fenómeno más y más cuando los Magos blancos trabajen para aliviar el sufrimiento durante la depresión económica.

Cuando la precipitación se vuelva más frecuente, abrirá las compuertas de la creatividad real. Los individuos serán capaces de crear lo que sus almas quieran manifestar. Lo que uno cree puede deleitar a otro y viceversa; así será plantada la semilla del intercambio. La precipitación es lo máximo de la creatividad individual. La humanidad ya no será controlada por las modas masivas y pasajeras. La creatividad del individuo estará de nuevo en las manos del alma individual. Esto es parte del proceso de Liberación del Alma.

El Intercambio y el Oro

El dinero ha sido el factor más importante de esta civilización – quizá el más importante. Como medio de intercambio, fue un medio para desahogar la carga de transferencia de bienes en un sistema de trueque. Pero incluso dadas las mejores soluciones, la humanidad tiene una forma de volver tales innovaciones en fines egoístas. La humanidad todavía no ha aprendido la lección del dinero y por esta razón, el dinero continuará siendo utilizado mucho tiempo durante la sociedad de transición.

El actual sistema de papel moneda de curso legal está yendo a toda velocidad por el camino de la autodestrucción puesto que no hay nada detrás de él salvo la retórica política. Todas las monedas son irredimibles cuando no hay oro o plata respaldándoles. Una vez que las personas vean todo el sistema de papel moneda por lo que es – papel – volverán al oro y a la plata como un medio de intercambio.

Las personas satisfarán sus necesidades a través del intercambio o trueque. Las monedas de oro y plata serán usadas para compensar trueques y comprar maquinaria o suministros para proyectos.

Muchas ciudades elevadas en el mundo sobrevivirán a las Grandes Inundaciones y recurrirán al oro y a la plata como dinero universal. En lugar del papel moneda nacional, las personas comerciarán sobre la base de gramos y onzas de oro o plata, sin importar de donde venga y en qué forma.

Con medios todavía desconocidos para nosotros, la Jerarquía Espiritual liberará el oro en las economías de las Regiones Espirituales. El oro ha sido atesorado por milenios, y el suministro es abundante en la tierra – las Fuerzas Oscuras simplemente lo han escondido y monopolizado. La liberación de estas grandes cantidades de oro para la completa circulación permitirá una economía estable, propensa a prosperar sin inflación/deflación.

El sistema del oro y la plata será usado durante el período inicial de la sociedad de transición pero cuando la humanidad domine la precipitación, la manifestación tomará el mando: pensar y por lo tanto existirá. Pero para transitar de un sistema monetario a otro de precipitación, primero debemos transitar a través del trueque-oro-plata.

Los Bancos Ya No Serán Necesarios

Como debemos vivir con el dinero hasta que aprendamos a usarlo apropiadamente para resolver los problemas de la humanidad, debe ser quitado de las manos de cualquier control central – y eso significa cualquier control en comunidad, en ciudad, nacional o internacional. Esto ha sido la raíz del problema del dinero actualmente. El actual sistema monetario está controlado por unas cuantas personas. El papel moneda tomó el control del individuo. El dinero electrónico ha sido incluso más efímero. ¡Va y viene – principalmente va – a la velocidad de la luz en la noche!

Las Fuerzas Oscuras crearon un sistema bancario basado en reservas fraccionarias. El banco puede prestar una cantidad de papel moneda igual a diez veces más que el valor de sus existencias en oro. Así es como los banqueros se vuelven tan ricos – prestando papel moneda sin valor e irredimible *a interés*. Los bancos, en esencia, usan su dinero para hacer más dinero para ellos mismos y a través de transacciones de papel más complejas incluyendo más papel (es decir, títulos y bonos), ellos han creado mercados de valores, mercados de derivados y bonos, y otros instrumentos financieros. El colapso de este castillo de naipes es la razón de la depresión económica del 2007.

En las Regiones Espirituales el manejo de la energía del dinero regresará al control individual. Sin embargo, si los bancos se forman, constituirán principalmente lugares seguros de almacenamiento. Si un banco existe solamente para el almacenamiento de los ahorros de una persona, el uso de ese dinero queda únicamente en las manos de su propietario, no del edificio o banco de almacenamiento. Entonces una persona que está impregnada con un sentido de servicio y de ley cósmica puede usar este dinero u oro para aquello que promueva directa o indirectamente la Liberación del Alma. La conexión de la acumulación de energía monetaria de un individuo a su conocimiento de las leyes cósmicas será muy importante para asegurar el uso apropiado y correcto del dinero. El uso apropiado del dinero es una lección que la humanidad todavía tiene que dominar y constituirá un prerrequisito fundamental para entrar a la Nueva Era Dorada.

2. La Salud y la Enfermedad y la Curación Telepática

En los años precedentes a las Grandes Inundaciones, las Fuerzas Oscuras recurrirán a enfermedades fabricadas, en la forma de pandemias en un intento por arrastrar a gran parte de la humanidad mientras son derrotadas. Las enfermedades y pandemias fabricadas son usadas políticamente para controlar y crear una dependencia en la institución del estado e intimidar a las personas hasta la sumisión. Citamos el SIDA y la Gripe Aviar como ejemplos principales de enfermedades fabricadas diseñadas para incitar el miedo, el pánico y matar a millones. Muchas tácticas de guerra bacteriológica de ésta época utilizarán portadores del reino animal – tales como insectos – para transmitir estas enfermedades alrededor del mundo. La extensión que las Fuerzas Oscuras logren en sus matanzas pandémicas masivas todavía es desconocida, pero al menos podemos predecir que perderán al final de esta táctica diabólica.

La contaminación ha sido la causa de múltiples mutaciones de bacterias "buenas" a dañinas mientras que el cuerpo humano pierde su resistencia a los microbios debido a la defectuosa dieta y condiciones estresantes. ¿Acaso hay dudas de que la tierra necesite inundar su superficie con las aguas limpiadoras del mal? El cómo el agua salada, en diferentes proporciones, será aplicada a esta limpieza es cuestión de una aplicación inteligente y sistemática y no, como lo podría creer el hombre, una destrucción al azar. Así que la limpieza de esas áreas infestadas con enfermedad – ya sea a través de la sequía y los poderes abrasadores del Sol o la limpieza por el agua de mar- será dirigida a estas áreas insalubres.

Así vemos que las dos principales fuentes de las enfermedades actuales serán eliminadas en las Regiones Espirituales, y la naturaleza de la enfermedad se moverá más hacia el reino de los retos mentales. Aquellos que sobrevivan a estos tiempos difíciles lo harán así porque sus vibraciones se habrán incrementado hasta el punto en que la enfermedad no pueda tocarles o dañarles. Es una cuestión de vibración, no del sistema inmunológico.

La Naturaleza de la Enfermedad en la Sociedad Tradicional

Durante la sociedad de transición, las enfermedades resultarán más de cuestiones psicológicas que de fuentes orgánicas. Los residuos de las enfermedades actuales afectarán más a los supervivientes que a sus descendientes, puesto que en el futuro la humanidad estará más o menos libre de enfermedades orgánicas.

Las poblaciones sobrevivientes en las Regiones Espirituales y sus áreas circundantes experimentarán enfermedades debido principalmente a su ajuste con las vibraciones superiores. Desde el 2000, las vibraciones superiores y la aceleración del tiempo han empujado a la humanidad hasta el punto de la locura. Entre aquellos que vayan a las Regiones Espirituales, se requerirán ajustes vibracionales incluso más altos, y cuando la forma física densa suelte capa tras capa de átomos densos, este proceso no será sin dolor e incomodidad. Habrá inquietud debido a la constante desintoxicación que el vehículo corporal debe experimentar mientras se eleva en vibración. Todos deben pasar por esta transición corpórea. Mucho de lo que prevemos salga a la superficie en la forma de desintoxicación serán los profundos traumas asociados con las agitaciones de la vida durante los cambios terrestres.

Tales ajustes considerables al vehículo corporal se llevarán a cabo en un tiempo en el que la prudencia y la perspicacia precisa serán más necesarias. Aquellos que se estén ajustando experimentarán desorientación, un sentimiento de estar, pero no en realidad de ser – muy parecido a un caso grave de desajuste horario. Cualquier situación psicológica residual que haya logrado quedarse dentro del cuerpo mental y astral/emocional inferior será sumariamente forzada a salir durante este período, y el cuidado y el amor de los miembros del grupo serán benéficos para la recuperación.

Gradualmente, cuando las poblaciones sobrevivientes se ajusten a las vibraciones superiores, la enfermedad, como la conocemos hoy en día desaparecerá y los malestares tomarán la forma de una resistencia o un contragolpe hacia los nuevos conceptos y enseñanzas de la Sabiduría Antigua. La resistencia mental a las nuevas enseñanzas de la Sabiduría Antigua, que tienen la intención de provocar el cambio para mejorar, causará estrés que se manifestará eventualmente como un malestar físico no deseado. Las luchas y retos de evolución nunca terminan... tal es la experiencia en nuestra dimensión.

La Lucha Interna con la Dualidad

El viaje desde nuestro cuerpo emocional inferior (astral inferior) al mental hará resaltar problemas emocionales inferiores similares a aquellos con los que tratamos hoy en día. Sin embargo, el viaje del cuerpo astral superior al mental, que toca el ser superior espiritual, trae su propio tipo de problemas, y si es mal dirigido, puede causar síntomas parecidos a la locura mental. La mayoría de los residentes en las Regiones Espirituales encontrarán este tipo de ajuste.

La polaridad que caracteriza nuestra ilusoria vida en la tierra hoy en día proporciona elección moral a través de la lucha de opuestos. El ímpetu de lo bueno para auto expresarse perpetua la batalla con el mal, haciendo la vida desafiante e interesante en este plano. ¿Los cambios terrestres remediarán esta situación de dualidad? La respuesta es no. La lucha dentro de la materia densa y etérica continuará, pero más internamente. La batalla interna podría ser percibida como alguien conversando consigo mismo, uniéndose a la categoría de los locos.

Las batallas y luchas ocurrirán en el interior. Tu derecho a elegir entre alternativas continuará y lo que elijas será tu camino hacia la sabiduría. Y sí, a veces tu elección puede no ser apropiada, pero no obstante se te dará más oportunidades para elegir eso que se adaptará perfectamente a tus necesidades mentales.

> Elecciones, elecciones, elecciones. ¡Qué suerte tienen! Las diferencias serán, ah, tan sutiles, y el cuerpo mental debe ser, ah, tan agudo para discernir las diferencias y ventajas. ¿Y las emociones entrarán en juego? ¡Claro que sí! Pero emociones muy diferentes y superiores de lo que puedan imaginar. Ah, esos sublimes pensamientos provocativos algo así como los que pueden evocar

hermosos trabajos artísticos. Y aquellos discursos bien pensados que escuchen y las obras y la música – todo esto contendrá semejantes formas de pensamiento sutiles que retardarán o avanzarán su ascensión espiritual.[53]

La meditación y la educación pueden resolver esta batalla, la cual consiste en separar lo físico a favor de lo etérico. Debes conscientemente competir con dos cuerpos al mismo tiempo. Muchos habrán ganado esta batalla antes del 2012 pero la vasta mayoría de portadores de luz que planeen entrar a la fase de reconstrucción en las Regiones Espirituales deben enfrentar esta lucha más adelante. El desafío nunca termina sino que cada vez que llegan a una parte alta, hay un paraíso para contemplar, haciendo que la lucha valga más la pena.

¿Pensaron que sus lecciones terminarían en la Nueva Era Dorada? Éstas nunca terminan, sino que crecen más y más sutiles, requiriendo un discernimiento espiritual muy claro, discernimiento del tipo que no existe en esta dimensión. Cuando los elementos más burdos se alejen de la conciencia humana, tocarán los bordes de esta sutileza cuando los años alcancen los grandes cambios.

E incluso durante los cataclismos, recibirán explicaciones de lo que está sucediendo, de manera que el cambio tome un nuevo significado, una nueva percepción nunca antes vista por la actual humanidad. Y cada vez que esta nueva percepción sea entendida, los cambios físicos tendrán lugar en su vehículo corporal. Pero ustedes se ajustarán para que puedan llevar a cabo su propósito. Los elementos más

---

[53] Sanctus Germanus a través del Amanuense

burdos de la humanidad han abrumado tanto su pensamiento y han obstruido este nivel de percepción. Éste será restaurado en completa gloria y entenderán esa dulzura que es del Espíritu, y esta dulzura es lo que ustedes llamarán "salud".[54]

Modalidades de Curación Telepática

Es en esta unión crítica que el Logos Planetario – el Anciano de los Días – quien ha visto y experimentado incontables pralayas, ha proporcionado a la humanidad energías sanadoras que pueden ser transmitidas telepáticamente o redirigidas por profesionales entrenados, a aquellos que estén bajo estrés. La curación fue una gran parte de la misión del Maestro Jesús en la tierra, y se nos dijo que Su habilidad para sanar venía directamente del Logos Planetario[55]. Así que la curación espiritual en su forma más efectiva es, en realidad, la respuesta de la materia densa o etérica a la energía etérica vibracional superior o más fina. Esta energía debe venir de fuentes más elevadas que el plano etérico y contener la intención directa de sanar todo lo que no se ajuste a la ley cósmica.

La curación telepática, mientras que alivia el malestar, es la señal de aviso para atraer a otros al seno del espíritu. Es una herramienta de Magia Blanca para demostrar la liberación de las limitaciones del vehículo físico. Las curaciones espirituales más efectivas ocurrirán en aquellos buscando el Sendero de la Iniciación. La curación espiritual, entonces, tiene un propósito: desbloquea obstáculos para la Liberación del Alma.

---

[54] Ibídem.
[55] Maestro Serapis Bey, Enseñanzas de la Escuela de Misterios, Fundación Sanctus Germanus.

Los portadores de luz buscando su propósito y misión en el Plan Divino naturalmente adquirirán habilidades de curación y trabajarán para aliviar a sus compañeros portadores de luz en el Sendero, especialmente durante este período de ajuste vibracional. Aquellos sin ningún interés consciente en la búsqueda del Sendero observarán tales curaciones y se maravillarán ante ellas. En este sentido, la curación es un llamado de aviso, un recordatorio a la población en general que la curación es parte del Sendero. De otro modo, la población en general debería buscar ayuda opcional en los campos médicos y de medicina alternativa.

3. La Educación en las Regiones Espirituales

La educación es clave para dirigir el pensamiento humano hacia la ley cósmica. Es la única función en el Sector Libre que el Director Representante guiará directamente. Nosotros no prevemos un sistema escolar per se, sino que la educación brotará de las iniciativas individuales o grupales en el Sector Libre. No siendo restringida a los salones de clase, la educación será un proceso continuo de interpretación entre las dimensiones para todos los habitantes de las Regiones Espirituales. Cuando cada portador de luz domine las facultades etéricas y entonces logre controlar la vida en los planos físico y etérico, él o ella verá miembros de su ashram etérico listos para compartir información de cualquier nivel o dimensión.

La educación y el entrenamiento en los años iniciales enfatizarán técnicas por y para el refuerzo de las cinco facultades etéricas para una visión etérica, telepatía, continuidad de conciencia, pensamiento multi-dimensional y precipitación más agudas.

La telepatía jugará un papel fundamental en la diseminación de enseñanzas en las Regiones Espirituales. La educación ocurrirá en donde sea que esté la persona o cuando sea que una persona lo desee porque estará disponible telepáticamente. La instrucción telepática, muy parecida a la educación en línea, revolucionará así el concepto de las escuelas y de la pesada infraestructura que está asociada con ellas, y pondrá a todos los estudiantes en una *compenetración* directa con los Maestros a cargo de la enseñanza. Dentro de una atmósfera que habrá sido limpiada de la negatividad astral de la época actual, la habilidad para aprender de los grandes maestros de la Oficina del Cristo en el Shamballa a través de la telepatía tendrá un inconmensurable impacto en el individuo y en la sociedad. El maestro transmitirá instantáneamente conocimiento perceptible mientras que el estudiante receptor puede hacer observaciones al instante con respecto a la medida en la que este conocimiento se haya arraigado, haya sido aceptado o rechazado. Las prácticas de mantener secretos o esconder la ignorancia serán mejor expuestas. Con el aprendizaje telepático, habrá más confianza en la transmisión oral y en la revisión de lo que ha sido comunicado telepáticamente, y habrá menos dependencia del aprendizaje por libros. Y esto para que los principios permanezcan vivos para practicarlos y revisarlos y no simplemente codificados para almacenarlos en tomos polvorientos.

La Educación de la Nueva Raza

La educación debería considerar los talentos y las habilidades que posee la nueva raza de niños: clarividencia, clariaudiencia, sensibilidad, visión etérica del ojo físico, continuidad de conciencia, telepatía y el potencial para manifestar. Equipados con estas habilidades, a estos jóvenes se les darán las mismas opciones terrestres que los llevarán o no al Sendero. Ninguna de estas habilidades garantizará su entrada al Sendero de Iniciación ya que esto dependerá de su elección. Al pianista súper talentoso se le presentan aquí las mismas opciones que al obrero, al clarividente como al no clarividente. La clarividencia no es sinónimo de espiritualidad, ni de la elección propia de andar por el Sendero. De hecho, complica la elección, puesto que ya no se hará sobre la fe ciega, sino con una conciencia más grande de las diferentes dimensiones en las que uno reside.

La nueva raza, paradójicamente, llegará a la tierra a través de los canales de nacimiento de los cuerpos de la Quinta Raza Raíz. Por lo tanto, existe una necesidad de que la Quinta Raza Raíz críe a la entrante Sexta Raza Raíz y al mismo tiempo ésta última necesita reformar a su criador. Aquí yace la necesidad por la nueva educación, una en la cual el respeto mutuo es requerido. "El alumno" ya no debería estar bajo el dominio del maestro, puesto que éste último debe sacar la inspiración del "alumno". No obstante, el mundo con el cual tratarán estos niños incluirá una dimensión más vasta que la anterior raza raíz y así un rango más amplio de elecciones conscientes.

En las Regiones Espirituales, estos niños enfrentarán opciones que no son tangibles a los cinco sentidos. Será fácil para ellos jugar en el patio astral sin supervisión, y es probable que sean engañados si no se les enseña la disciplina y la discriminación desde una temprana edad. Sus otros cuerpos – etérico, astral y mental – serán completamente activados, añadiendo la necesidad por la educación que abordará los aspectos multidimensionales de todas sus personalidades.

Los obstáculos son muchos en el plano astral, pero si el supervisor no puede ver por sí mismo las tentaciones residentes en ese plano, ¿entonces cómo va a enseñar al niño de la nueva raza la discriminación necesaria? La respuesta a esto es fácil. Como es arriba es abajo. La discriminación mental aprendida en el pensamiento concreto y abstracto es la manera, y si es bien enseñada incluso desde el punto de vista de los pensadores concretos de la Quinta Raza Raíz, servirá a los niños en los patios astrales también, puesto que lo que esté mal en lo físico estará mal en lo astral.

Así que a los niños debe enseñárseles disciplina y discriminación, cuándo usar sus facultades para ayudar a la sociedad y cuándo no es apropiado usarlas. Un niño clarividente fácilmente podría concluir que es un loco en este mundo, ya que ve eso que los demás o sus "superiores" no pueden ver. Pero la nueva raza también podría utilizar estas facultades para superar a la Quinta Raza Raíz en una forma inmoral. De la misma forma, el uso responsable de la clarividencia aún debe ser aprendido por las primeras encarnaciones de la Sexta Raza Raíz, ya que en muchos casos estas facultades han sido suprimidas o utilizadas en el contexto de un psiquismo inferior.

Lo peor que podría hacer un programa educativo sería suprimir estas nuevas facultades y remodelar las mentes jóvenes hacia un pensamiento concreto. Ellas deben enraizarse firmemente tanto en un desarrollo intelectual como al mismo tiempo abrirse a las vastas posibilidades e inspiración provenientes de los planos superiores. Cuando estas facultades son aplicadas a los problemas de la humanidad, podemos esperar soluciones creativas, puesto que así como hemos citado anteriormente los obstáculos en el plano astral, también vemos infinitas posibilidades emanando de estos niños quienes son capaces de acceder y ganar inspiración de las ideas superiores que lleguen a ellos desde los planos superiores. Su uso como conductos para las formas de pensamiento creativas emanando de la Jerarquía Espiritual debería ser considerado como una de las funciones principales de estos niños.

La conciencia de género ya no debería absorber la atención de los niños de la nueva raza, puesto que representan una mezcla y equilibrio inherentes de lo masculino y femenino. La cuestión de un sexo acosando al otro será menos problema que en el mundo de la Quinta Raza Raíz. Los niños de la Sexta Raza Raíz representan los comienzos de ese resurgimiento y reequilibrio de lo masculino y femenino y parecerán ser experiencias moderadamente andróginas o de cruce de sexos. Este intercambio de sensualidad no debería ser visto desde la perspectiva de la moralidad tradicional sino desde el punto de vista de que semejante reequilibrio solamente puede contribuir a la paz en la tierra.

El movimiento unisexo es un ejemplo superficial de las tendencias de la nueva raza. La educación unisexo investiga más profundamente en el inherente equilibrio del alma o Ser superior. Cuando esto sea reconocido en todas las formas de pensamiento, y no se malinterprete como masculino o femenino, la guerra de los sexos será sofocada y la paz resultante en las relaciones humanas será nuevamente restablecida.[56]

---

[56] El Maestro Kuthumi dio este mensaje sobre la educación de los niños de la nueva raza al Amanuense, mayo de 2006.

Así que la educación en las Regiones Espirituales no se trata solamente de formar "buenos ciudadanos", sino también acerca de la apertura de los niños de la nueva raza hacia el Sendero de Iniciación, el cual debe ser "insinuado" en todo el plan de estudios, aunque no explícitamente expresado. Si el enfoque es tomado, todas las preocupaciones y la adaptabilidad social de estas habilidades innatas estarán en su lugar y beneficiarán al período de reconstrucción.

Si los educadores en las Regiones Espirituales abordan el reto desde el cuerpo causal o Ser Superior, ellos serán capaces de ver la educación desde la más elevada posición estratégica y de dirigir a todos los cuerpos que funcionan juntos en el plano terrestre. El comité de la contraparte etérica comunicará sus ideas desde una posición estratégica aún más elevada a su contraparte en la tierra, y a través de esta cooperación, elaborará modalidades que dirigirán los aspectos multifacéticos y multidimensionales de un nuevo enfoque para la educación.

"Buscad y hallaréis" será el nuevo principio de trabajo entre el comité de educación y su contraparte etérica, y las elecciones hechas en las Regiones Espirituales vendrán del esfuerzo más elevado y reflejarán la luz que emana la Nueva Era Dorada. Comenzamos la ascensión con el elemento vital de la nueva sociedad – la educación – la cual es uno de los recursos principales de la Liberación del Alma.

La base de este intercambio es la hermandad. Ésta o la fraternidad, si lo desean, deberán penetrar todo el concepto educativo de la Nueva Era Dorada. Nosotros introdujimos el concepto de Jerarquía donde en ciertos casos el estudiante puede ser el Jerarca. La humildad con la cual un educador se acerca a un estudiante tiene como raíz el AMOR.

Las extraordinarias habilidades de la nueva raza no son tan extraordinarias y deben ser vistas como el proceso por el cual la humanidad recuperará sus inherentes facultades tan oscurecidas por las formas de pensamiento de las eras pasadas. Con inteligencia firmemente posicionada en la materia densa, ahora el desafío siempre evolutivo es refinar esa densidad. Lo que llamamos "dones" de clarividencia, clariaudiencia y sensibilidad, acoplados con la habilidad de comunicarse telepáticamente y manifestar las necesidades propias, son las habilidades naturales que la humanidad posee hace eones, solamente que esta vez, todas estas facultades son las más evolucionadas en importancia, ahora que la humanidad ha experimentado la existencia sin ellas. ¡Cuán fácil habría sido la vida durante los muchos siglos pasados si la humanidad hubiera conservado estas facultades!

Esa es una lección aprendida. Es como si nuestras almas hubieran sido vendadas de los ojos y obligadas a caminar sin ver. Tuvimos que confiar en la razón y en la mente racional, en la ciencia y la tecnología, para ver a través de la bruma de la existencia. Así que los "ciegos", la Quinta Raza Raíz, deben guiar a aquellos con visión hacia los modelos revolucionarios de la educación de la Nueva Era Dorada.

El Preconocimiento en la Nueva Raza

Otro aspecto del aprendizaje involucrará al entendimiento y a la diseminación del preconocimiento incrustado en las almas de las encarnaciones de la Sexta Raza Raíz. Los niños de ésta raza han encarnado desde mediados de 1940 con cantidades mayores llegando a partir de 1960. Para cuando la sociedad de transición entre en acción, las encarnaciones de la Sexta Raza Raíz oscilarán en edad desde los sesenta hacia abajo. Algunos de ellos nacidos a partir de 1970 poseen conocimiento en sus almas que será pertinente para la construcción de la sociedad de transición.

A lo largo de sus vidas en la era antes del 2012, ellos se han sentido "diferentes" y separados de la sociedad porque ha habido algo en lo profundo de su ser que no podía ser expresado. Los adeptos mediante el uso de técnicas apropiadas de meditación o sonidos clave provocarán que sus almas liberen este conocimiento, y el individuo encontrará un banco de conocimientos que siempre estuvo ahí intuitivamente. Algunos de estos conocimientos involucran tecnologías de evoluciones superiores, los cuales ayudarán a las Regiones Espirituales a adaptarse más rápidamente a sus situaciones.

La Jerarquía Espiritual planeó una "activacion" de este preconocimiento con el fin de crear orden a partir del caos, especialmente cuando otras prioridades de reconstrucción tendrían preferencia sobre la función educativa de la sociedad.

4. El Matrimonio y el Equilibrio de las Energías Masculina y Femenina

Una de las tareas principales de la sociedad de transición será equilibrar las energías masculina y femenina. Este balance viene como un resultado de la Liberación del Alma, puesto que dentro de ella estas energías están perfectamente equilibradas. Así que el equilibrio masculino-femenino debe ser logrado individualmente, y este balance naturalmente se transferirá hacia la actividad grupal. *El equilibrio tiene poco que ver con el género: es una cuestión de manifestación del alma.* "Ponerle género" a la actual entrada de energías femeninas es caer en la misma trampa en que han caído las dominantes energías masculinas de nuestro tiempo.

Cuando las energías masculina y femenina entren en equilibrio, desaparecerá eventualmente el matrimonio como es concebido en nuestra actual civilización. Esta tendencia ya ha comenzado desde hace unas cuantas décadas. En lugar de que un hombre y una mujer físicos unidos en matrimonio representen el equilibrio entre las energías masculina y femenina, el equilibrio hombre-mujer ocurrirá dentro de cada individuo cuando la verdadera naturaleza del alma se manifieste a través de los vehículos corporales masculino o femenino. Este reequilibrio ya está sucediendo en un gran sector de la comunidad espiritual. En la sociedad de transición, la vinculación o agrupamiento de individuos se manifestará de acuerdo con la Ley de la Atracción, un alma equilibrada con otra o varias almas equilibradas juntas.

Sin embargo, ciertas responsabilidades necesitan ser definidas por parejas que tengan hijos. Aquí hay una oportunidad para que la sociedad de transición defina las responsabilidades tanto paternales como sociales a causa de la obvia necesidad de una renovación de la raza por la llegada de nuevas almas. La decisión de tener hijos, en otras palabras, debe estar sujeta a decisiones más extensas fuera de los angostos límites del núcleo familiar. El núcleo familiar de esta era no se transferirá a la Nueva Era Dorada sino que dará paso a un grupo de familia más extendido, quizá como los experimentos de los kibutz o de las comunidades de los años 1960, pero en una forma más organizada y menos caótica.

5. La Vida Espiritual y la Religión

Las Regiones Espirituales serán liberadas de la mayor parte del *maya* astral que crearon las separadas religiones bélicas en la tierra. Estas religiones, junto con los no afiliados, se darán cuenta que el origen de todas sus creencias es la Eterna Sabiduría. Sus ramas esotéricas, es decir, los sufíes, los vajrayana, los gnósticos, etc., ya han llegado a esta conclusión.

Aquellos que lleguen a las Regiones Espirituales fácilmente adoptarán las leyes cósmicas y dejarán ir las antiguas creencias religiosas a favor de las enseñanzas más ecuménicas de la Eterna Sabiduría. Este quizá sea uno de los pasos más difíciles que darán los miembros afiliados a iglesias en las Regiones Espirituales. En resumen, no habrá religión predominante en las Regiones Espirituales porque la espiritualidad será entretejida en la misma estructura de la sociedad.

Por bastante tiempo, un comité etérico de la Jerarquía Espiritual ha estado trabajando para unir todas las enseñanzas de estas tempranas religiones en una enseñanza espiritual mundial. Los miembros del comité, antiguos oficiales de iglesia, todos se dieron cuenta de sus proporciones, que lo que habían estado predicando en el plano terrestre no estaba muy bien, y en el afán de corregir estas enseñanzas en conformidad con las leyes cósmicas y principios obtenidos en la Eterna Sabiduría, formaron este comité de trabajo. Su labor de amor servirá como preparación para el próximo maestro del mundo.

Motivaciones de Vida

La vida en las Regiones Espirituales será motivada por un deseo más profundo de servir. Vivir para la adquisición de bienes materiales, poder o placeres ya no satisfará a los sobrevivientes. Algo superior debe motivarlos. No habrá centros comerciales, ni interminables flujos de entretenimiento electrónico, ni más guerras por el dinero o el poder y tampoco más industrias para excitar los sentidos. La vida será bastante básica y la humanidad apreciará una vez más las pequeñas cosas de la vida. El florecimiento del capullo de una rosa, la salida y la puesta del sol; la forma de comunicación de la naturaleza con la humanidad, una vez más estimulará un compañerismo entre la humanidad y su anfitriona, la tierra.

El deseo por más conocimiento dentro de un marco de ley cósmica resonará nuevamente en nuestras almas – el YO SOY interno. El conocimiento que despierte conocimiento latente – el descubrimiento – es gran parte de la Liberación del Alma y debería dirigir al individuo a buscar y buscar más. Todos tendrán acceso a este abundante conocimiento y a la sabiduría de cualquier maestro que deseen. Un individuo solamente necesita preguntar y tener un profundo deseo por saber, y el maestro y las circunstancias correctas se presentarán solas, ya sea física o etéricamente. El puro y simple deseo de saber, el descubrimiento, y después la satisfacción del entendimiento conducirá a la manifestación del conocimiento en la vida. El progreso y la evolución espiritual nuevamente se convertirán en los principales vectores de la vida.

Epílogo

Liberación del Alma

En este libro nos hemos enfocado en los portadores de luz primeramente porque ellos representan el enlace más importante, no obstante el más débil, en la estrategia total del pralaya de la Jerarquía Espiritual. Su papel sanador en la crisis económica y política sobre nosotros, sus acciones humanitarias durante las Grandes Inundaciones de las tierras bajas y áreas costeras, y su liderazgo en la colocación de los bloques de construcción para una Era Dorada serán esenciales para la supervivencia de nuestra actual civilización.

Muchos portadores de luz ya han completado la recuperación de sus niveles de iniciación y están bien encaminados para prepararse para las desafiantes tareas por venir. Sin embargo, la mayoría de los portadores de luz languidecen en la indecisión nacida del egoísmo y el miedo.

Antes de esta encarnación, nos ofrecimos ansiosamente para esto, porque vimos el glorioso Plan para esta era y su objetivo final de la Liberación del Alma. Nuestras almas vieron algo tan maravilloso que interrumpimos nuestra búsqueda espiritual personal en el Sendero para regresar y ayudar a la humanidad en su época de mayor necesidad. Todos vimos que la vida en las Regiones Espirituales finalmente permitirá que el alma se exprese a través de una personalidad física siempre más fina sin los obstáculos de los sistemas y límites económicos, financieros y bancarios, políticos y sociales. Pudimos ver juntos cómo una civilización reconstruida se expandiría por todo el mundo en un equilibrio completamente diferente, y la oportunidad de reconstruir la civilización sobre bases espirituales más firmes fue tan convincente que aprovechamos la oportunidad para regresar, porque de otro modo no habría quedado esperanza para la raza humana que tanto amamos.

También vimos que la limitación clave que ha bloqueado tanto la evolución de la humanidad iba a ser eliminada de una vez por todas. "¡Qué oportunidad para poner las cosas de nuevo en orden!" fue nuestra declaración. El pralaya se llevaría a cabo y se vendrían abajo todas las trabas que las Fuerzas Oscuras habían construido alrededor de la humanidad. Vimos el inevitable desmoronamiento de sus sistemas cuando la tierra limpiaba lo viejo, en preparación para el nuevo ciclo, y esto nos dio aún más esperanza para establecer el curso de la evolución de la humanidad en el correcto equilibrio.

Ahora tenemos una idea de qué esperar. Los tiempos por venir no serán fáciles y solamente un compromiso incondicional hacia el propósito y misión de tu alma te permitirá atravesar la confusión y el caos del pralaya. Después seguirán los rigores de trabajar con la Jerarquía Espiritual, puesto que no hay compromiso en cuanto a la calidad que busca de los portadores de luz. Su meta es que la humanidad finalmente pueda liberar el potencial del alma a través de la forma material para demostrar las maravillas que puede crear, individual y colectivamente, en la tierra. Esta es la esencia de la Liberación del Alma.

Si tú aún compartes esta visión global del mundo, una Nueva Era Dorada de almas liberadas, entonces no tienes más que comprometerte con el Plan Divino que hará que eso suceda. Esto todavía es una cuestión de elección.

Programación de Eventos

2005 –2017

- Severa crisis financiera y económica en el mundo.
- El proceso de depuración/Armagedón continúa con vibraciones aumentadas: locura general.
- La economía mundial toca fondo y se queda ahí. Todos los esfuerzos convencionales por revivirla fallarán.
- La Tercera Guerra Mundial comienza a mantener trabajando a las personas.
- Catástrofes relacionadas con el agua: tsunamis, huracanes, elevación del nivel del mar, inundaciones de tierras bajas y áreas costeras debido al derretimiento de las capas de hielo en los polos y las áreas de permahielo del mundo.
- Las Regiones Espirituales en suelo elevado comienzan a desarrollarse: preparaciones iniciales.

2017–2025

- Catástrofes relacionadas con el agua se multiplican haciendo las áreas bajas más y más inhabitables.
- Desplazamientos masivos de población hacia suelo elevado.
- Las Regiones Espirituales asumen el control mientras los portadores de luz encuentran el camino a ellas.
- Período de Reconstrucción: las sociedades de transición comienzan a consolidarse en las Regiones Espirituales.

2025-2080

- Las Sociedades de Transición continúan consolidándose en cada Región Espiritual experimentando con varios modos de organización, la leyes cósmicas.
- Los principios del Maestro del Mundo se vierten en las Regiones Espirituales y se vuelve un lazo común entre ellas.
- Indicaciones de cambios continentales mayores, fallas y movimientos comienzan a perturbar la superficie terrestre.
- Las Regiones Espirituales se vuelven más aisladas físicamente una de otra debido a los cambios terrestres, aunque permanecen enlazadas etéricamente.

Bibliografía

Bailey, Alice A. *Un Tratado de Magia Blanca o el Camino del Discípulo*, New York: Lucis Publishing Company, 1934.

___________*Iniciación Humana y Solar*, New York: Lucis Publishing Company, 1922.

___________ *La Telepatía y el Vehículo Etérico*, New York: Lucis Publishing Company, 1950.

___________*La Exteriorización de la Jerarquía*, New York: Lucis Publishing Company, 1957.

___________*Un Tratado de Fuego Cósmico*, New York: Lucis Publishing Company, 1925.

Clow, Barbara Hand, *La Agenda Pleyadiana*, Santa Fe, New Mexico: Bear and Co. Publishing, 1995

Cranston, Sylvia, *Helena Blavatsky—Fundadora del Movimiento Teosófico Moderno*, Santa Barbara: Path Publishing House, 1993

Innocenti, Geraldine, *Puente a la Libertad, Colección de Canalizaciones*, 1953

King, Godfre Ray (G. Ballard), *La Presencia Mágica*, Schaumburg, Illinois: Saint Germain Press, Inc., 1935

____________________, *Los Misterios No Develados*, Schaumburg, Illinois: Saint Germain Press, Inc., 1982

Leadbeater, C.W. *La Vida Interna, vol. 1*, Adyar, India: The Theosophical Publishing House, 1910.

Olcott, Henry Steele, *Hojas del Viejo Diario Vol. 1*, Adyar, India: The Theosophical Publishing House, 1900

Powell, A.E., *El Cuerpo Astral y Otros Fenómenos Astrales*, Adyar (Chennai) India: The Theosophical Publishing House, 1927
__________, *El Cuerpo Mental*, Adyar (Chennai) India: The Theosophical Publishing House, 2000
__________, *El Doble Etérico*, Adyar (Chennai) India: The Theosophical Publishing House, 1925

Printz, Thomas, *El Primer Rayo,* Puente a la Libertad, Monte Shasta: Fundación de Enseñanza del Maestro Ascendido, 1953.

Sinnett, A.P, *Las Cartas Mahatma a A.P. Sinnett*, Adyar, India: Theosophical Publishing House

__________*Budismo Esotérico (sic)*, Reimpreso por San Diego: Wizard Bookshelf, 1994

"El Calor está Encendido" (The Heat is On), Especial en el *Economista,* vol.380, no. 8494. 9-15 Septiembre, 2006

"Llovió en la Antártica este Invierno" (It Rained in Antarctica this Winter), *La Presse de Montreal*, Abril, 2006

www.ingramcontent.com/pod-product-compliance
Lightning Source LLC
LaVergne TN
LVHW050614100826
845148LV00011B/1588

* 9 7 8 0 9 7 8 4 8 3 5 6 2 *